El Don

*Una Guía para Médiums,
Psíquicos e Intuitivos*

LISA ANDRES

Copyright © 2015 Lisa Andres

Primera Edición 2013
Segunda Edición 2015

Todos los derechos reservados. Ninguna parte de este libro puede reproducirse o transmitirse en ninguna forma ni por ningún medio, ya sea electrónico o mecánico, incluyendo fotocopias, grabaciones, o cualquier sistema de almacenamiento o de recuperación de información, sin el permiso escribo del titular de los derechos de autor, Lisa Andres.

Diseño de Portada por Regina Wamba
www.maeidesign.com

Editado por Patrick y April Durham
http://editingandebooks.com

Diseño y maquetación interior Mariana Vidakovics De Victor

ISBN: 978-1-7320375-3-3

Índice

CAPÍTULO 1 - Mi historia 11
CAPÍTULO 2 - Trabajadores de luz
y el propósito de vida 23
CAPÍTULO 3 - Auras de propósito de vida 31
CAPÍTULO 4 - La ley de atracción 35
CAPÍTULO 5 - Protección y limpieza 39
CAPÍTULO 6 - El cuidado personal
de un médium, psíquico o intuitivo 45
CAPÍTULO 7 - Límites 47
CAPÍTULO 8 - Obstáculos 51
CAPÍTULO 9 - Malos espíritus 55
CAPÍTULO 10 - Los clairs 57
CAPÍTULO 11 - ¿Cómo sé si soy psíquico
o intuitivo? 61
CAPÍTULO 12 - Cómo hacer una lectura
psíquica o intuitiva 65
CAPÍTULO 13 - ¿Cómo sé si soy un médium? 83
CAPÍTULO 14 - Cómo hacer una lectura
como médium 87
CAPÍTULO 15 - Cuando las lecturas salen mal 103
CAPÍTULO 16 - Canalización 109
CAPÍTULO 17 - Cacería de fantasmas 115

CAPÍTULO 18 - Tu equipo espiritual:
tus guías, ángeles y otros ayudantes esotéricos.......... 123
CAPÍTULO 19 - Cómo identificar
a tu equipo espiritual... 129
CAPÍTULO 20 - Ángeles.. 135
CAPÍTULO 21 - Sanación angelical 153
CAPÍTULO 22 - Maestros ascendidos 161
CAPÍTULO 23 - Vidas pasadas 173
CAPÍTULO 24 - Registros akáshicos...................... 179
CAPÍTULO 25 - El tiempo es ahora....................... 185
Bibliografía... 187
Lecturas recomendadas... 189
Sobre la autora 191

Introducción

El objetivo de este libro es ser todo lo que yo buscaba cuando apenas empezaba a abrirme y usaba los libros como principal fuente de nutrición para desarrollar, o tratar de desarrollar, mis habilidades psíquicas y de médium. Encontré muchas historias autobiográficas, pero no había muchos libros que trataran de enseñar *CÓMO* hacer este tipo de cosas. En ese entonces, en realidad, ni siquiera sabía lo que estaba tratando de hacer y me frustraba el no saber cómo abrirme.

Además de abrirte a tus dones psíquicos, de médium e intuitivos, también he incluido muchos otros temas para ayudarte en tu viaje. He agregado información sobre cosas como los registros Akáshicos y sobre las vidas pasadas, ya que puede que tengas preguntas sobre esos temas. También les pregunté a mis estudiantes y colegas sobre qué les gustaría ver en el libro, y es así cómo nació el capítulo sobre guías espirituales.

He sabido que soy una médium toda mi vida. He escuchado y he visto *personas muertas* desde que era una niña pequeña. En la televisión había un show llamado *Médium*. En los anuncios del programa había comerciales donde el personaje principal tenía un grupo de personas muertas paradas al pie de su cama. Recuerdo haber pensado, "¡Esa soy YO!" Sentí una inmediata sensación de alivio al saber que no estaba sola; saber que había otros como yo.

Solía pensar que era constantemente perseguida por personas muertas y que ser una médium era una maldición. También me asustaba. Ahora proporciono lecturas para otras personas que están afligidas por la pérdida de sus seres queridos, y sé que no es una maldición; es un don el poder hacer este trabajo.

Cuando asistí a mi primera clase de desarrollo psíquico en el 2007, recibí una gran cantidad de información sobre muchas cosas relacionadas con lo paranormal. Algunas me parecieron interesantes, y hubo un par de ocasiones en las que simplemente no creí ni una palabra de lo que escuché. Digo esto porque es probable que leas este libro y tengas pensamientos muy similares. Eso está bien. Lo escucharás cuando estés listo para escucharlo, y si no estás de acuerdo con algo de lo que digo, está bien. Lo que estoy escribiendo es mi verdad, y lo que creo. Puede que sea o no sea igual a lo que tú crees.

El material en este libro no tiene denominación. Crecí en la Iglesia Católica Romana. Desde entonces aprendí a aceptar el hecho de que no todas las cosas en este libro se enseñan en la iglesia y, probablemente, tampoco en otras denominaciones del cristianismo o de muchas otras religiones. Acepto eso. Sé que esto es un regalo de Dios y sé que es por lo que vine a la Tierra. Si tienes miedo de leer este material con respecto a la religión, es probable que sea un recuerdo de una vida pasada, y puedes leer más sobre eso en este libro. A menudo haré referencia a Dios y al universo y, para mí, a menudo ambos son la misma cosa. Si no te sientes cómodo con alguno de estos términos, reemplázalos con un término que abarque el poder mayor, o el todo, para ti.

De cualquier forma, si estás leyendo este libro es porque tienes dones. Y tu intuición te está diciendo que *eres* un psíquico o intuitivo, o que *eres* un médium, o ambos. Nosotros estamos aquí para ayudar a otros a sanar a través de nuestro trabajo. Creo que es nuestro contrato en la Tierra, y que no es un regalo que Dios quisiera que nos guardáramos para nosotros mismos.

CAPÍTULO 1

Mi historia

Mi familia se mudó de Buffalo, Nueva York, a Minneapolis, Minnesota, cuando mi madre tenía seis meses de embarazo, de mí. Aunque nunca he vivido en Nueva York, ese hecho, de alguna manera, me cambió más de lo que mi familia sabe. Nací el día del padre, el 18 de junio de 1972. Todavía faltaban dos semanas para mi fecha de nacimiento, pero estoy convencida que escuche a mi padre decirle a mi madre el día anterior que él me quería como regalo para el día del padre. Hasta el día de hoy, mi papa y yo lo llamamos nuestro día especial. Mis padres se divorciaron antes de que yo pudiera recordarlo, y yo crecí con mi papá. Más tarde, se nos unieron algunos familiares lejanos de la costa este. Mis dos padres se volvieron a casar, pero nunca tuve hermanos.

Empecé a ver y percibir espíritus cuando era una niña pequeña. Cuando aprendí a expresar en palabras lo que veía, no fue muy bien recibido por mi familia católica romana. Me enviaron a un psiquiatra cuando tenía alrededor de siete años, y rápidamente aprendí que debía decir para hacerles creer que ya lo había superado. Pasé en soledad mi infancia. Era difícil el no tener hermanos o hermanas con los cuales jugar y ser de otro estado. No me importada donde nací. Hablaba como ellos y era su pequeño clon de Nueva York. Era lo suficiente para aislarme. Siempre supe que era diferente y anhelaba ser normal. La primera vez que sufrí bullying fue en el autobús de camino al jardín de niños. Quería desesperadamente hacerme amiga de las otras niñas. Un día, cuando dos niñas sentadas detrás de mí me tocaron el hombro, me sentí aliviada de que quisieran entablar amistad conmigo. Entonces, rociaron perfume en mi ojo.

Nos mudamos de la ciudad a un parque de casas rodantes en el campo cuando estaba en la primaria. Los niños eran diferentes ahí, pero aun así sufrí de bullying. Todos los días solía caminar a la parada del autobús para recibir una paliza. No sabía qué estaba haciendo mal, y tenía miedo de ir a la escuela. Mi papá trabajaba en el turno nocturno en ese entonces. Necesitaba de una niñera que me cuidara durante la noche, y sólo una familia lo haría. Cuando me llevó a su casa para mostrarme a donde iría, grité y lloré. Era la casa de la niña que más me acosaba. El lloró y se disculpó, pero ya que no teníamos un grupo de apoyo en Minnesota, terminé yendo con una niñera de todas formas. Ellos tenían una hija pequeña de mi edad que me tomó bajo su protección y me enseñó a pelear. En ese lugar es lo que tienes que hacer para poder sobrevivir el ir a la escuela todos los días. Aún conozco a esa amiga hasta el día de hoy y siempre estaré agradecida de haberla conocido.

Nos mudamos, de nuevo, a una casa más cerca de la ciudad cuando estaba en la secundaria. Ya no tenía tanto miedo de los matones para ese entonces, pero estaba agotada de una infancia rodeada de peleas solo para abrirme camino. Sin embargo, los matones en mi nueva escuela parecían poder percibirme y pronto me desafiaron. Estaba cansada de pelear. Siento que mi habilidad para ver espíritus estuvo en un estado inactivo durante esos años. O, quizás, simplemente no estaba en contacto con esa habilidad porque no tenía mucha paz mientras crecía.

Cuando tenía alrededor de 17 años, de nuevo empecé a percibir lo paranormal. A los 20 años, todas las cosas que había suprimido o ignorado durante tanto tiempo me envolvieron. Demasiadas cosas estaban sucediendo a la vez, no podía entenderlas, pero sabía que era algo paranormal. Algunas veces podía oír voces en la forma de lo que parecía una charla en mi oído. A veces veía cosas moverse; no sólo espíritus, sino objetos físicos reales. Una noche vi mi bálsamo labial siendo llevado por una fuerza invisible a través de mi habitación. Incluso sentí a unos espíritus que se metían a mi cama en la noche, lo que casi me desquició.

La única constante que tuve en los años en los que comencé a abrirme de nuevo fue mi abuela Ali. Podía llamarla a cualquier hora del día o de la noche y contarle sobre las locuras que me habían sucedido, y ella me escuchaba y trataba de ayudarme a comprender. Descubrí que mi mamá también tenía esta habilidad. Mi mamá y yo vivimos juntas por primera vez, desde que puedo recordar, cuando tenía alrededor de 20 años. Vivimos en lo que mi madre llamaba *La Casa del Infierno*. Estaba en el lago Minnetonka, un gran lago cerca de Minneapolis.

Además, había rumores de que había sido construida sobre algún tipo de cementerio sagrado. Eso era suficiente para incitar miedo en ambas. Un día, cuando vivía ahí, mi mamá y yo creímos haber escuchado un ruido en una habitación vacía de la casa y fuimos a revisar. Cuando ambas entramos en la habitación, las dos vimos el mismo fantasma: una pequeña niña sosteniendo un globo en su mano. Recuerdo que casi nos tropezamos la una a la otra al tratar de salir al mismo tiempo por el espacio de la puerta porque estábamos súper asustadas.

A medida que mi segunda década de vida progresaba, creció mi capacidad para ver y percibir espíritus. No sabía qué hacer con eso, y sobre todo me molestaba. Aprendí a crear límites con el mundo de los espíritus y, al principio, eso significaba que sólo podían tratar de llamar mi atención durante mis horas diurnas. Los espíritus eran muy buenos en tratar de acercarse a mi durante la noche porque, ahora que me doy cuenta, es cuando más bajaba la guardia. Incluso tuve un fantasma que silbaba para tratar de llamar mi atención. Siempre me impresionó qué tan lejos estaban dispuestos a llegar para tratar de llamar mi atención en esos tiempos.

Después de un divorcio a principios de mis treinta, compré mi primera casa por mi cuenta. Había diversas oportunidades para comprar una vivienda, y eso significaba que tenía que comprar una en la ciudad. La casa que compré tenía más de 100 años de antigüedad y, después de una búsqueda exhaustiva, supe que era mía desde el momento en que entré. Poco después de mudarme, dos personas diferentes sentadas en mi sala de estar me dijeron. "Sabes, creo que vi un fantasma en la otra habitación".

Ya lo sospechaba, pero esa era la confirmación. En los pocos años que viví ahí, muchas personas más me dijeron que había mucha actividad espiritual ahí.

Durante ese tiempo me quejaba mucho con mi abuela Ali sobre cómo los espíritus me enloquecían todo el tiempo. Ella me decía pacientemente, una y otra vez, que yo era una médium y que debía ayudar a las personas. En aquellos días me oponía a eso, y mi pobra abuela se llevaba la peor parte de mi disgusto. Yo solía gritar que era una maldición y que no podía comprender como es que se suponía que debía ayudar a la gente. Durante ese tiempo, otros dos psíquicos también me dijeron que yo era una médium, pero aún me negaba a escuchar.

Después de un tiempo, finalmente me dispuse a escuchar lo que mi abuela me decía. Decidí ir a una clase de desarrollo psíquico cercana. La impartía Echo Bodine, un célebre médium psíquico que vive en Minneapolis. No vi mucho entrenamiento médium real en el plan de la lección, pero fui de todos modos. Necesitaba abrirme a todas las cosas que me había esforzado tanto en bloquear durante mi juventud, y supuse que ese sería un inicio.

Recuerdo la noche antes de que comenzara la clase. En ese momento estaba saliendo con alguien, y no sabía cómo iba a decirle que estaba asistiendo a clases para psíquicos. La noche anterior a la primera clase, él rompió conmigo. Estaba desconsolada, de nuevo, y no estaba feliz sobre ello. Le grité al universo que no era justo. Amenacé con no ir a la clase y no usar ninguno de mis dones psíquicos. Esa misma noche fue la primera vez que escuché claramente a mis guías espirituales. Escuché, "Está bien, Lisa. No tienes que hacer esto. Pero, si no lo haces, es posible que no puedas permanecer en la Tierra mucho más tiempo ya que es parte de tu contrato del alma".

No tenía idea de qué significaba todo eso, pero sabía que no quería morir. Decidí tomar el camino de la precaución y asistí a la primera clase al día siguiente. Después de que la clase de 12 semanas había terminado, aún quería saber más sobre cómo desarrollar mis habilidades como médium. Las Ciudades Gemelas en las que vivía (vivo) tenían muchos psíquicos y médiums, pero ninguno parecía estar enseñando lo que yo estaba buscando. Finalmente, ese invierno, le hice una súplica al universo durante una noche estrellada y levanté mis manos pidiendo por un maestro médium. En ese momento, la idea de enseñarle a médiums me aterrorizaba.

Esa Navidad recibí el libro *Ángeles 101* de Doreen Virtue. Estaba molesta. ¡No tenía idea de quién era esa persona, y no quería un libro sobre ángeles! Recuerdo que incluso le pedí el recibo a mi abuela Ali (y me lo dio) para poder cambiarlo. Basta con decir que el intercambio nunca ocurrió. Unos meses más tarde, estaba en Hawái yendo a un entrenamiento y certificación para médiums con Doreen Virtue. En ese entonces no tenía idea de cómo iba a llegar ahí. Una vez que presenté mi solicitud y fui aceptada, todo lo que necesitaba apareció.

Ese fin de semana cambió mi vida. Ella nos entrenó sobre cómo hacer lecturas para los demás y sobre cómo hacerlas en una plataforma para otros. Las lecturas en plataforma son similares a lo que ves algunas veces en la TV cuando los médiums llaman a personas muertas al azar para las personas de una audiencia. Fue aterrador y maravilloso al mismo tiempo. Pasé todos los aspectos necesarios para hacer una lectura y me certifiqué al final del curso.

Fue durante el entrenamiento para médiums en Hawái que el asistente de Doreen Virtue me sugirió volver para el entrenamiento Angel Therapy ® en un par de meses. Me pareció una buena idea, pero no sabía cómo había logrado pagar un viaje a Hawái, y mucho menos dos. Bueno, ya lo habrás adivinado. Dos meses después, de nuevo estaba en Hawái, esta vez para el *Angel Camp* (como a veces se le llama) de una semana de duración, para recibir mi certificación de Angel Therapy Practitioner®.

Cuando volví a Minnesota después de todo mi entrenamiento en Hawái, me preocupaba la idea de que mi entrenamiento quedara guardado y nunca realizara lecturas para otros por tener miedo. Cuando mi amiga y maestra Echo estaba dando una mini-expo, le pregunté si me daría un espacio para tratar de hacer lecturas gratuitas para otros, para poder practicar. Lo hizo, e incluso lo puso en el email que envió a su lista de aproximadamente 6,000 personas. Ese primer día no tuve tiempo para estar nerviosa. Tuve clientes de forma continua durante todo el día, que fue de unas ocho horas. Recuerdo que pensé que sólo haría lecturas para seres queridos perdidos, pero me equivoqué. Fue ese día que realmente aprendí que los médiums también son psíquicos. Mis primeros clientes me preguntaron sobre objetos perdidos. Luego me enteré que tantas personas habían querido verme que algunos tuvieron que ser rechazados. Después de ese primer evento, Echo me aconsejó considerar cobrar por mis lecturas, y después de ese día me enfrenté a mis miedos y me involucré completamente. Un mes o dos después de eso, algunos de mis colegas empezaron a pedirme que diera una clase para médiums. Se necesitó que diez o quince de ellos me lo pidieran para que me diera cuenta de que el universo me estaba llamando a hacerlo por la promesa que había hecho de enseñar a otros. Al poco tiempo iniciaron mis clases para médiums. Desde entonces también han evolucionado en otras clases para psíquicos e intuitivos.

Una ruptura en 2009 me llevó a reevaluar mi vida y darme cuenta de que siempre había querido mudarme a la costa este. Crecí con una familia que siempre me decía que era mucho mejor ahí. Me enamoré de Boston la primera vez que lo visité años atrás, y desde entonces le había estado advirtiendo a mi familia de mi deseo de vivir ahí. A principios de 2010 me di cuenta de mi sueño y me mudé a la ciudad que siempre había amado, Boston. Era aterrador dejar mi hogar, pero también era liberador al mismo tiempo. Toda mi familia había hecho lo mismo años atrás, así que, al menos tuve el apoyo de sus historias sobre cómo se habían ajustado.

Después de un mes de haberme mudado, me golpeó el sentimiento de nostalgia. Lloré como una máquina, intermitentemente, esos primeros meses, y volví de visita a mi casa antes de lo que había pensado (y a menudo). Había dejado un trabajo de doce años en Minneapolis, y me uní a la misma compañía cuando me mudé a Boston. En mi nueva oficina, el puesto no se me daba bien. Así que cambié mi carrera unos meses después de haberme mudado. Recuerdo haber pensado que no me mudé ahí para ser miserable en mi trabajo. Fui con la meta de quedarme por tres años, y terminé quedándome solo uno. El universo tenía otros planes para mí. Mi carrera nunca había despegado realmente, y el costo de vida era demasiado para soportar, sin una fuente constante de ingresos, como la que tenía cuando me mudé ahí

Además, mi padrastro murió repentinamente de cáncer de hígado a los 58 años. Mi mamá estaba afligida. Sabía que tenía que ir a casa por al menos un par de meses para estar con ella. Dejé mi apartamento y reduje mis pertenencias debido al costo de la mudanza y puse lo que me quedó en un almacén en Massachusetts. Estaba convencida de que volvería. Durante mi primer mes de vuelta en Minnesota, en la primavera de 2011, no podía entender por qué mi vida parecía estar desmoronándose. Salí de Boston con apenas suficiente dinero para llegar a casa, y dejé todas mis fuentes de ingreso actuales en Boston. Estaba frustrada y no entendía por qué estaba viviendo de nuevo en casa de mis padres a los 38 años de edad.

Me tomó un tiempo el salir de mi depresión. Me ofrecí al universo como una psíquica de tiempo completo si era lo que se suponía que debía ser, pero eso no tomó forma en aquel momento. Así que le pedí al universo otro trabajo corporativo. Eso era en lo que había sido buena durante doce años. Extrañaba la seguridad que daba un trabajo como ese. Después de seis meses en Minnesota sintiéndome perdida, conseguí un trabajo corporativo. Irónicamente, consiste en resolver las cuentas de personas muertas. ¿Qué tal es eso como afirmación de que soy una médium? Después de un par de meses hice que me enviaran mis cosas desde Boston e incluso conseguí el mismo condominio en el que había vivido antes de mudarme porque conocía al propietario. Sentí un deja vu porque tuve que comprar una buena parte de los muebles que había dejado en la acera en Boston, pero estaba feliz de estar en casa. Empecé a promover una especie de grupo de apoyo para psíquicos con un colega justo cuando empecé mi nuevo trabajo, e incluso impartí un par de clases sobre temas psíquicos y de médiums.

Pero, aun así, me sentía vacía. Tenía la suficiente confianza para estar sola y hacer las cosas sola. Siempre he sido extrovertida, así que tenía que salir de vez en cuando de la casa para recargarme socialmente. Si eso significaba ir a escuchar música en vivo y hacer otras actividades sola, así es como tenía que ser. Mi vida no resultó de la manera que la había planeado. Yo había querido tener hijos y una familia, lo que nunca se materializó. Aún estaba sola y más confundida que nunca. Una noche en julio de 2012, tuve un sueño. O, lo que en ese momento creí que era un sueño. Morí. Sí, morí. En el sueño, recuerdo despertar en mi cama y ver una luz dorada que parecía conducir al cielo. Sentí mucha paz. Ésta superaba cualquier paz que había experimentado como humano. Así que, dejé mi cuerpo y empecé a seguir la luz. Debo haberme dado cuenta de que estaba abandonando la Tierra. De repente, la idea de aquellos a quienes lastimaría si me iba era insoportable. Hice una pausa y le dije a cualquiera que estuviera escuchando, "Uh, ¿chicos? No creo estar lista para dejar la Tierra, todavía".

A lo que escuché, "Bueno, ¡entonces ESCRIBE EL LIBRO!"

Wow. Me habían dicho que escribiera un libro unas cuantas veces antes durante las lecturas que me proporcionaron otros dos psíquicos y otras personas que vieron una historia que escribí en Facebook sobre mi mudanza hacia y desde Boston. Tres personas diferentes que leyeron esa breve historia me dijeron que debería escribir un libro. Siempre tuve una constante sensación de que debía escribir un libro, pero me parecía una tarea abrumadora, así que nunca lo hice. Ese sueño me forzó a actuar, y aquí estoy. Cuando se publique este libro, habrá pasado alrededor de un año desde ese sueño profético. Ahora me doy cuenta de lo mucho que amo escribir y con cuantas ansias espero poder escribir más

Mi trabajo como médium psíquica continua. Hago lecturas para otros y tengo planes de hacer mi primera galería médium, que es cuando ofrezco lecturas en frío en el escenario para que las personas de la audiencia puedan conectarse con sus seres queridos fallecidos. Me doy cuenta de que parte de mi propósito es ayudar a otros con mi don, y no puedo creer lo lejos que he llegado desde los días en que pensaba que era una maldición. Unos días después de aquel sueño y la orden celestial de escribir un libro, conocí a mi novio. Era tan cínica que nunca pensé que podría volver a enamorarme, pero ahora me doy cuenta de que no estoy destinada a estar sola como temía. ¡Definitivamente estoy contenta de haber decidido quedarme en la Tierra!

CAPÍTULO 2

Trabajadores de luz y el propósito de vida

Un trabajador de luz es alguien con un propósito global y un propósito de vida individual. Un propósito global es un propósito que ayuda a los demás de alguna manera, además de uno mismo. Un trabajador de luz también puede ser conocido como un ángel terrenal.

La generación conocida como Baby Boomers tiene muchos trabajadores de luz entre ellos. Vinieron a la Tierra como resultado de las oraciones por la paz después de la Primera y Segunda Guerra Mundial. Las oraciones trajeron una afluencia de bebés que vinieron esencialmente a ayudar a nuestro planeta.

La Tierra continúa necesitando de ayuda y oraciones por la paz. No somos el único planeta en nuestro sistema solar, y es nuestro trabajo el mantener la paz en este planeta y hacer cambios positivos. Con los recientes cambios de energía que han ocasionado muchas variaciones a nuestro planeta y a nuestras vidas, percibidos tanto como buenos y malos, se nos necesita más que nunca para ayudar a conquistar y eliminar la energía basada en el miedo.

Si te sientes molesto sobre un problema en particular, esto es una señal de que es probable que parte de tu propósito sea el ayudar de alguna manera. Podría ser que el abuso hacia las mascotas te enoja porque las mascotas no tienen voz. Podría ser el cambio potencial de una ley, como las Leyes de Armas o el etiquetado de alimentos transgénicos, que son temas populares hoy en día en los Estados Unidos. Podría ser cualquier cosa. Pero cuando continuamente oyes la información en los noticieros y piensas, "Alguien debería hacer ALGO al respecto", ese alguien eres tú.

Los trabajadores de luz están aquí para ayudar a los demás. Podría ser a través de su trabajo en la comunidad. Podría ser el convertirse en un abogado, oficial de policía u otro funcionario público que ayude a impartir justicia de alguna manera. Puede ser cualquier cosa que hagamos que impacte a otros además de nosotros mismos.

La conclusión es que un trabajador de luz aporta positividad a otras personas además de a ellos mismos. Justo ahora no es un momento particularmente fácil en la Tierra. Si has sentido que este no es un momento fácil, hay otras personas ahí afuera que lo han sentido quizás incluso de una forma más interesante que tú. Hemos llegado a un punto en el que nuestra presencia en la Tierra es algo poderoso y positivo, y habitamos cuerpos por una razón. Esa razón es para que ya no seamos invisibles y tengamos presencia para poder entrar en acción y hacer lo que tengamos que hacer. Nadie dijo que sería fácil, pero nuestras almas acordaron estar aquí en este momento de necesidad. Sin duda valdrá la pena ayudar a las demás de la manera en que nos sentimos llamados.

Para muchos de nosotros, esa es la única forma en que nos sentimos realizados.

Muchos de nosotros empleamos diversas tácticas para retrasar el propósito de nuestra alma. Estas pueden ser cosas como beber demasiado, comer demasiado, quejarse demasiado, o pensar "No soy lo suficientemente bueno o fuerte". Estas tácticas pueden ser cualquier cosa que te impida hacer lo que te hacer sentir bien. Si bebes para tratar de calmar tu frustración, es probable que esta sea una de esas tácticas. Si el leer este párrafo te molesta, probablemente has estado haciendo lo mismo: retrasas la verdadera misión de tu alma en la Tierra. Está bien, el momento es ahora, y tu intención de aprender más sobre tu verdadera misión es la forma que utiliza tu alma para despertarse. El universo te ama y te apoya en las decisiones que tomes, especialmente cuando se trata de tu verdadera misión para ayudar a otros en la Tierra.

Para algunos de nosotros, la forma en que ayudamos a otros es tan simple como mostrar bondad hacia los demás. Hay muchos de nosotros que sólo quieren pasar desapercibidos. Podríamos ser muy buenos en algo, como con las computadoras o la tecnología. O podríamos ser simplemente un cajero en un supermercado. Pero al hacer los deberes que otros podrían considerar mundanos, nosotros, los trabajadores de luz estamos cumpliendo el propósito de nuestra vida al ser amables con los demás y al ayudar a otros. Esta bondad y amor crean una atmósfera de paz, que es la que necesita la Tierra. Su fuerza colectiva es tan poderosa que mantiene a nuestro planeta intacto y a salvo de cualquier tipo de destrucción, como lo sería una guerra nuclear. No somos el único planeta en nuestro sistema solar, y hay un beneficio universal en que la Tierra siga siendo parte del sistema solar, ya que se interrumpiría la alineación planetaria si no existiéramos.

Recuerdo cuando en mi trabajo diurno (mi trabajo regular) se realizó una recaudación de fondos en la que podías dar felicitaciones con una barra de caramelo en el Día de San Valentín. Compré alrededor de treinta pensando que se las enviaría a mis amigos y socios comerciales solo para darles algo lindo. Cuando llegué al trabajo el día que los iban a entregar, ya me había olvidado por completo sobre ellos. Cuando llegué a mi área de trabajo muchos ya habían recibido los suyos y había un aire de alegría en el lugar. De repente comprendí como un solo acto de amabilidad puede mejorar la energía colectiva de la conciencia.

Si estás leyendo esto y piensas "No sé cuál es mi propósito como trabajador de luz", no te preocupes. No tienes que saber con exactitud cuál es. Si has tenido una sensación de frustración al saber que tienes un propósito y simplemente no puedes descubrir cuál es, esa es una señal de que eres un trabajador de luz y que tienes una misión global para ayudar a otros, además de una misión personal.

¿Cuál es tu pasión? ¿Siempre has querido cantar o entretener a los demás? ¿Has querido iniciar tu propio negocio? ¿Tienes una idea de qué es lo quieres hacer, pero no sabes cómo hacerlo? Bueno, es probable que eso sea un mensaje del universo diciendo que es hora de despertar.

Creo que cualquiera que intente ayudar a otros es un trabajador de luz que tiene el propósito de ayudar a los demás. Es probable que tengas otras cosas que hacer. Yo soy música. Soy escritora. Soy médium. Nosotros, los trabajadores de luz, podemos ser personas dinámicas multitarea que son buenas en muchas cosas.

Esa frustración y/o ansiedad que estás sintiendo es la forma en que tu alma te dice que hay algo que deberías estar haciendo. Tus sentimientos son la brújula que te indica la dirección que debes tomar. Puede que ahora no sepas las respuestas, y eso está bien. Simplemente, ve en la dirección que se sienta como la correcta y puedes estar seguro que llegarás ahí, un paso a la vez. Un propósito de vida se desarrolla a medida que realizas el viaje llamado vida. A menudo se dice que aquellos que han sufrido y superado los mayores obstáculos son los que tienen el mayor propósito de vida.

Había llegado al punto donde no podía entender por qué las actividades que solían alegrarme o entretenerme, cómo mirar la TV toda la noche sentada en el sofá después de un largo día de trabajo, ahora me causaban descontento y frustración. No podía, por mi vida, descubrir por qué me sentía tan frustrada. Así que, al principio, traté de ahogar mis sentimientos con cerveza. Al día siguiente, regresaba la misma frustración, y el ciclo volvía a empezar. Sentía que había sido guiada durante muchos años para escribir un libro. Y no fue hasta que finalmente me senté a escribir este libro que el sentimiento de frustración desapareció para ser reemplazado por paz. Aún lucho a diario contra este sentimiento y probablemente lo haré hasta que termine el libro.

No puedo decirte, con honestidad, que he descubierto todo el propósito de mi vida. Hay cosas que siento que aún están en mi lista de pendientes, por así decirlo, que podrían ser la clave para darle forma al propósito de mi vida. Siempre he querido escribir un libro. Siempre he querido ser una madre, siempre he querido reparar una casa abandonada. Traté de convencerme de que la reparación de casas (Ej. "Quiero vender casas restauradas") no era parte de mi propósito, y entonces me di cuenta de cómo todo está relacionado. Hay muchas casas que necesitan el amor y restauración que yo podría proporcionar. Incluso si es una casa a la vez, eso tiene el potencial de sanar y restaurar energía. Como dije antes, todo funciona en una conciencia colectiva para restaurar la paz. El amor por las casas y los bienes raíces es una de las luces en mi alma que nunca han dejado de brillar. Puede que lo haya dejado de lado durante algunos años, pero siempre regresa.

Si eres una persona intuitiva, un psíquico o un médium, entonces es probable que hayas encontrado una parte del propósito de tu vida. Pero puede que eso no sea todo lo que estás destinado a hacer. Probablemente tienes diferentes roles, como ser padre, maestro o cualquier otra cosa que estés haciendo en este momento. La vida sucede un día a la vez. Haz lo que te haga feliz. Deja de hacer las cosas que te hacen infeliz. Incluso si esa cosa con la que has estado soñando parece inalcanzable, empieza a creer que es posible y sigue los pasos que te guiarán hacia ella.

No tiene que suceder todo de una vez. Si te preocupa tomar la decisión equivocada, debes saber esto: tu camino te sigue a ti. No hay errores, solo lecciones y crecimiento.

Cuando era niña pensaba que sabía cuál era el propósito de mi vida: cantar. Salí del útero cantando hasta el límite de mis pulmones y estaba convencida de que algún día iba a ser una famosa estrella de rock. Esto evolucionó a una vida temprana de preparación, que finalmente me llevó a graduarme en una universidad de música. Pasé muchos años en bandas de covers y soñaba con escribir mi propia música y, algún día, firmar un contrato discográfico. Estaba completamente horrorizada cuando recibí una lectura psíquica donde me dijeron que la música sólo era un pasatiempo para mí. Mi verdadera ocupación estaba en el trabajo de psíquica y médium.

Ahora me doy cuenta de que la música puede no haber sido mi propósito principal en la vida, pero me ayudó a convertirme en lo que soy hoy en día, y hay un propósito en eso. Y ya que una parte de mi camino implica hablar en público, el estar en el escenario y hablarle a la audiencia entre canciones me preparó para esto.

¿Cuántas veces has pensado "no cambiaría mi pasado ya que éste me hizo quien soy"? Nunca sabes hacia dónde te llevará el futuro. Intenta encontrar la paz en el momento actual y cree en tus sueños. Tu principal propósito en la vida ya se ha cumplido, ya que estás aquí en la Tierra. Eres muy importante para la Tierra en este momento. Eres amado y apoyado por los cielos, aunque a veces sientas que estás solo. Siempre hay ángeles, tu equipo espiritual y tus seres queridos fallecidos a tu alrededor. Ellos te apoyan, están orgullosos de ti y te aman exactamente por lo que eres.

~ Notas ~

CAPÍTULO 3

Auras de propósito de vida

Las Auras de Propósito de Vida son diferentes de lo que normalmente asociarías con una foto de aura, del tipo en la que ves tu figura rodeada de energía roja, verde o amarilla. Un Aura de Propósito de Vida está más cerca de ti o tu cliente, similar a una cáscara de huevo o la capa dura de un caramelo, como un rompedientes. Es la capa fina que rodea tu piel y está entre esa aura más grande que a veces vez en las fotos de aura. Tendrás muchos clientes que te preguntarán cuál es su propósito en la vida. Una de las mejores formas de descubrirlo, es sintonizarse a su Aura de Propósito de Vida.

La mejor forma de ver el Aura de Propósito de Vida de tu cliente es hacerlo de forma intuitiva, como cuando haces una lectura psíquica o intuitiva para un cliente. Tomate un momento, cierra tus ojos e imagina a tu cliente. ¿Qué color ves que parezca delinear el contorno alrededor de su cuerpo? Esa es el Aura de Propósito de Vida.

A continuación, se muestran los colores de las Auras de Propósito de Vida y lo que significan con respecto a tus clientes y su propósito de vida. Es completamente posible que tus clientes tengan dos colores, lo que significaría que tienen más de un propósito de vida. Usa tus sentidos intuitivos cuando le transmitas esto a un cliente, y al igual que con las lecturas intuitivas, lo mejor es que primero lo pruebes con personas que conozcas. Espero que esta información te ayude si ya estás practicando, o planeas empezar a practicar lecturas para tus clientes.

Colores de Aura de Propósito de Vida

Azul: Este es un color azuloso. Significa que es un comunicador y/o artista. Esta es una persona que probablemente tenga algún tipo de talento artístico y también tiene un propósito de vida de comunicarse con los demás. Puede que sea para comunicar su arte (como un músico), o podría ser el convertirse en un orador público. Las personas con esta Aura de Propósito de Vida pueden recibir el llamado para ser escritores de un libro o un blog.

Verde: Esta es el Aura de Propósito de Vida de un sanador. Puede representar tanto a un médico tradicional como a un profesional de la salud, o algún tipo de sanador no tradicional, como un maestro de Reiki, prácticamente de Qi Gong, etc. También puede incluir a aquellos que trabajan en la curación de mascotas. También puede indicar que su cliente tiene la capacidad de sanar a los demás al escucharlos o al darles consejos.

Amarillo: Este puede ser un color de cáscara de huevo o amarillo brillante. Esta persona es un perpetuador de la paz. Piensa en gente que ha sido asociada con la paz, como el Dalai Lama o la Madre Teresa. Si tu cliente tiene esta Aura de Propósito de Vida, puede que esté involucrado en un medio tradicional para traer paz como el Cuerpo de Paz, la filantropía o realice algún tipo de trabajo voluntario.

Azul Oscuro: Estas personas tienen un color Índigo: están aquí para decir la verdad, encontrar la verdad y ayudar a traer cambios que sean positivos, de una manera fuerte pero pacífica. Es probable que tengan una energía de tipo *guerrero*, y pueden sentirse guiados a realizar algunos cambios de vida sustanciales asociados con su propósito de vida y con los cambios que les gustaría ver.

Arcoíris: Esta Aura de Propósito de Vida literalmente se ve multicolor, similar a un arcoíris. Si ves esto en tu cliente, esta es una persona *estrella* que tiene una conexión con otros planetas. Puede que sea un maestro de Reiki, tenga una fascinación con los ovnis, y/o trabaje de alguna manera con computadoras. También puede que le gusten los delfines.

Púrpura Brillante: Esta Aura de Propósito de Vida está asociada con la religión o la espiritualidad. Esta es una persona que quiere servir a otros a través del trabajo religioso, como un ministro ordenado o al trabajar para la iglesia. También puede ser alguien que siga un camino muy espiritual, aunque puede que no sea con una iglesia tradicional.

Color Berenjena (un purpura más oscuro): Esta es el Aura de Propósito de Vida asociada con un médium o un trabajador de hospicio. Esta es una persona que trabaja con los difuntos después de que han cruzado al otro lado o trabaja con los que aún están vivos para ayudarlos a pasar al otro lado.

Turquesa/Azul: Esta es una combinación de maestro y sanador. Esta persona es probablemente un maestro espiritual. Quizás esta persona está destinada a enseñar a otros cómo sanar. También puede ser un emprendedor que, de cierta forma, enseña a unos y cura a otros. Este es un ejemplo de un propósito de vida dual donde puedes ver estos dos colores juntos (Ej. el azul encima del verde).

~ *Notas* ~

CAPÍTULO 4

La ley de atracción

El ser un psíquico, médium o intuitivo quiere decir que tienes un propósito de vida muy importante. Ese propósito de vida probablemente involucra el ayudar a otros con tu don. Ahí es donde entra en juego la *ley de atracción*. Básicamente, recibes lo que sea que ocupe tus pensamientos. Así que, si todo el tiempo te la pasas pensando qué tan mala es tu vida y te preguntas por qué no mejora, es probable que sea porque estás obsesionado con lo que NO quieres. El universo no diferencia las emociones. La alineación de la ley de atracción sólo escucha "Mi vida es mala". Entonces, el universo se encarga de ordenarlo por ti. Basta con decir que debes mantener tus pensamientos positivos y pensar solo en lo que deseas. Si últimamente has tenido más pensamientos negativos que positivos, recuerda que este cambio no tiene que hacerse de la noche a la mañana. Se progresa un poco a la vez. Trata de corregir tus pensamientos negativos diciendo lo mismo, pero de una manera más positiva. En lugar de pensar "Odio mi trabajo", piensa "Tengo un trabajo que amo".

Cuando pides un deseo, envías un cohete de deseos al universo. Cuando envíes ese cohete de deseos al universo, déjalo ir y *confía* en que el deseo se manifestará. El preocuparse por ello, en esencia, es como evitar que ese cohete alcance su objetivo deseado. Así que, piensa sólo en lo que deseas. Los pensamientos de un trabajador de luz son muy poderosos y tienen la capacidad de manifestarse rápidamente. ¿No sería mucho mejor manifestar tus sueños en lugar de tus preocupaciones? El universo ama y responde consistentemente a la gratitud. Por eso, incluso si este momento es uno que no te hace sentir bien, piensa ¿qué es lo que puedes encontrar en él por lo que puedas estar agradecido?

Cuando me acuesto en mi cama por las noches, algunas veces pienso "Amo mi cama" o "Me encanta este apartamento donde vivo". Puede ser algo simple por lo que estés agradecido. Si acabas de tener un pequeño accidente con tu automóvil, trata de estar agradecido de que no fue peor. Si estás frustrado con tu situación financiera, trata de bendecir y amar lo que tienes ahora. Bendice y agradece el dinero que tienes ahora y las facturas que puedes pagar en este momento.

De una manera similar a la ley de atracción, las afirmaciones positivas son una forma de confirmar nuestros deseos, tanto para nosotros mismos como para el universo. "Soy un autor famoso". "Hoy va a ser un gran día". "Atraigo la bondad a dónde quiera que vaya". "Merezco un gran amor". "Atraeré un maravilloso y nuevo romance en mi vida". Incluso si te cuesta creerlo cuando lo digas, finge que lo crees hasta que de verdad lo hagas. Cada día te sentirás un poco mejor al decir cada afirmación.

Una afirmación que he estado diciendo últimamente es: "Tengo una carrera que amo, trabajando con y para las personas que amo y que me aman a mí. Gano más dinero del que podía imaginar que ganaría". Dije afirmaciones durante cuatro meses para atraer a mi alma gemela antes de que finalmente llegara. Sentía que todo estaba bien en mi vida, pero lo único en lo que siempre fallaba eran las relaciones amorosas. Y, al creerlo, esto se había convertido en parte de mi vibración. Las relaciones románticas que había estado atrayendo nunca funcionaron porque mis patrones de vibración y de pensamiento así lo decían.

Al principio comencé a decir estas afirmaciones con temor de que en realidad pudiera recibir al hombre de mis sueños. Hasta ese momento había sido increíblemente cínica. También dije mis afirmaciones creyendo, en mi mente consciente, que el romance nunca funcionaría conmigo. Pero aun así persistí, y las afirmaciones eventualmente cambiaron mi vibración y me permitieron atraer lo que quería en mi vida. Ahora tengo el romance que había soñado, con el tipo de hombre que no creí que existiera para mí, porque creí en las afirmaciones. Así que, no te sorprendas si lo que afirmas aparece.

Puede que te preguntes "¿Por qué está esto en un libro sobre cómo ser médium, psíquico o intuitivo?". Tienes que sentirte seguro en tu vida antes de que tu energía esté completamente disponible para ayudar a los demás, y los ángeles quieren que tengas todas tus necesidades físicas y emocionales satisfechas para que puedas concentrarte en tu verdadero propósito de ayudar a los demás. Puedes comenzar a crear lo que deseas con afirmaciones positivas y la ley de atracción.

- Notas -

CAPÍTULO 5

Protección y limpieza

Protección

Es una buena práctica siempre pedirle protección a Dios, el espíritu, o la fuente en la que creas o sigas. Yo, por lo general, llamo al Arcángel Miguel y a la diosa Isis para pedirles protección. Le pido al Arcángel Gabriel que me guarde y proteja en todo lo que haga. Puedo pedirles a los ángeles que vayan a las cuatro esquinas de mi casa y que la protejan y mantengan segura, y que también lo hagan con mi auto, trabajo, y lo mismo para todos mis seres queridos.

El libre albedrío es un factor cuando tratas de proteger a los demás, así que es posible que quieras decir "Quiero enviarle ángeles a esta persona para lo que sea que necesite", o "Quiero que los ángeles protejan a mi amigo, con el permiso de su alma". Puede que el cliente no lo sepa de forma consciente o no esté listo para escucharlo, y entonces estás haciendo esto con integridad al saber que no estás haciendo nada sin permiso.

Limpieza

Mi forma favorita de limpieza es la que no requiere ninguna herramienta humana. Se realiza por intención y pidiendo ayuda a los ángeles. Por lo general, le pido al Arcángel Miguel que venga y limpie la energía en una habitación; le pido que corte las conexiones de energía de miedo en la habitación, que las remueva y entonces llene el entorno con luz. También hay objetos que puedes usar para remover la energía negativa de un espacio, como salvia, palo santo, madera, agua de Florida o velas.

Por lo general, puedes encontrar salvia suelta en un palo. Normalmente, lo que se hace es encenderla y luego apagarla, dejando que el humo vaya a las áreas donde quieres limpiar la energía. También puedes usar un abanico (muchos usan abanicos de plumas) para ayudar a circular el humo. Esto limpiará de forma natural la energía negativa.

La madera de palo santo funciona de la misma manera. Solo que huele un poco más dulce y a veces se le llama madera dulce de palo santo. Se ha usado desde la antigüedad, originándose en Perú, para limpiar la energía negativa.

El agua de Florida es un agua de colonia cítrica, y algunos creen que su uso se origina de la fuente de la juventud. Yo vierto un poco en un atomizador y la diluyo con agua. Puedes usarla tal cual o diluirla tanto como quieras. Tiene una vibración muy alta, por lo que incluso diluida sigue siendo muy efectiva para limpiar la energía negativa. La uso dejándome guiar, y también deberías hacerlo de la misma manera. Resulta útil en situaciones donde no es apropiado usar el humo de salvia o de palo santo. La uso con más frecuencia cuando voy a la casa de alguien para hacer una limpieza o lectura.

Las velas se pueden usar en cooperación con cualquiera de estas herramientas para aumentar la energía en una habitación. Consigue velas de cualquier aroma al que te sientas guiado, o conectado, ya que es probable que tu energía funcione en cooperación con ese aroma. Yo encuentro particularmente útil tener al menos una vela encendida cuando realizo una lectura para un cliente.

Puedes usar cualquiera de estas herramientas, y si no sabes por dónde empezar, búscalas en una tienda local o en Internet, y ve con cuál sientes más inclinación para usar. No hay elecciones correctas o incorrectas: es lo que sientes que es correcto para ti y para tu práctica o espacio personal.

Espejos

Los espejos tienen una energía que puede actuar de una de dos maneras. Pueden atraer energía negativa o desviarla. Por ejemplo, yo normalmente no tengo espejos en mi habitación porque creo que pueden canalizar y mantener la energía negativa en la habitación.

Sin embargo, sí uso los espejos como medio de protección. Cuando vivía en un departamento, ponía un espejo de bolsillo boca abajo debajo de mi cama para desviar cualquier energía negativa que pudiera venir del apartamento de abajo.

También llevo un espejo de bolsillo de cara a la parte exterior de mi cartera (dentro de mi bolsa de mano) para desviar la energía negativa que podría producirse al estar en multitudes y cerca de otras personas. Incluso he visto collares con pequeños espejos mirando hacia fuera, los cuales son usados como un medio de protección que puedes utilizar.

<u>Cristales</u>

En mi primera clase de desarrollo psíquico recuerdo que todos hablaban de cristales. Los llevaban con ellos en sus bolsillos y bolsas de mano, los guardaban entre sus colchones, lo que se te pueda ocurrir. Incluso cuando ayudé a mi abuela a mudarse, ella tenía una pesada caja llena de lo que ella llamaba "cristales buenos". Recuerdo haber pensado "¿Eh? Estas son rocas".

La primera vez que recibí una curación con un cristal, o roca como podrías llamarle, fue en Hawái. Había una tienda espiritual con cristales, y cuando entré, la mujer me ofreció una curación con un cristal de angelita. No sabía que era eso, pero sin duda sentí que me limpió.

Eso me introdujo al poder curativo de los cristales. Iba a tiendas que tenían cristales y simplemente compraba los cristales a los que me sentía atraída; no necesitaba saber por qué. Luego compré un libro para averiguar qué eran algunos de los cristales y sobre sus propiedades curativas.

Empecé a llevar algunos cristales que me ayudarían a desviar la energía negativa. Ahora me he convertido en una de esas personas que llevan piedras en su bolso y también las tengo en mi casa. Tengo algunas que no se ni por qué las tengo, pero sé que me siento mejor al tenerlas conmigo. Me encantan las ágatas; siempre llevo una conmigo y sostengo una para apoyarme cuando estoy haciendo una lectura.

Es posible que quieras leer algo como *La Biblia de los Cristales* de Judy Hall como un recurso para usar cristales como un medio de protección, para hacer limpiezas, etc.

~ Notas ~

_____

_____

_____

_____

_____

_____

_____

_____

- Notas -

CAPÍTULO 6

El cuidado personal de un médium, psíquico o intuitivo

Es importante que ustedes, como médiums, psíquicos e intuitivos cuiden su salud, ya que su cuerpo es el recipiente que envía mensajes a las personas que ayudan. Algunos tienden a usar alimentos, bebidas u otros productos químicos para atenuar las fuertes emociones empáticas que sentimos. Solo tienes que recordar, moderación. Nunca es una buena idea realizar lecturas para otros cuando has consumido alcohol o drogas, ya que esto atrae energías más bajas. Debes estar sobrio cuando realices lecturas porque quieres tener la mayor cantidad de energía posible presente.

Tu cuerpo es un conducto para obtener información. Cuando empecé a hacer lecturas deseaba que alguien me hubiera dicho lo agotador que podía ser. Ya sea que estés haciendo una o varias lecturas, el ser un conducto de información es agotador.

Algunas veces tengo eventos que duran todo el día, y en los cuales realizo lecturas durante un periodo de ocho horas. La noche anterior, me aseguro de descansar y tratar de tener una buena noche de sueño. También me aseguro de tener suficiente agua cerca de mí durante todo el día del evento, y de tomar descansos para comer y para relajarme. La primera vez que hice un evento así no tenía idea de lo agotador que sería. No descanse en lo absoluto, ni para comer. Cuando terminó, estaba tan agotada que casi tuvieron que sacarme cargada. Ahora me aseguro de tomar descansos y comer durante el día del evento. Esto me ayuda a proporcionar mejores lecturas a aquellos que necesitan mi ayuda.

~ *Notas* ~

CAPÍTULO 7

Límites

Cuando haces lecturas o trabajo psíquico en general, es necesario fijar buenos límites. Esto significa que no debes realizar una lectura a alguien sin pedirle permiso. Si intuyo algo sobre la persona con la que estoy, no simplemente lo digo y ya. Si me siento fuertemente guiada puedo preguntarle si QUIERE escuchar la lectura o información que estoy recibiendo, y preguntar es un buen límite. Simplemente revelarlo todo a un extraño no es lo correcto.

Casi puedo escuchar la pregunta sobre los programas de televisión que puedes haber visto donde un psíquico o médium se acerca a un extraño y simplemente empieza a hacer una lectura. Supongo que eso los hace un buen programa de TV, pero aun así pienso que carece de límites. No estoy juzgando eso: simplemente no te animo a que hagas algo así si puedes evitarlo. Por lo menos, si te sientes fuertemente guiado a realizar una lectura para un extraño, primero pídele permiso

Cuando estás realizando lecturas, un buen límite es no hacer una lectura para un tercero. Una lectura para un tercero es cuando alguien pregunta sobre la hermana de un amigo, los pensamientos de su novio, etc. Asegúrate de que tienes el permiso de la persona sobre la que están pidiendo la lectura. Si un cliente pregunta sobre una persona, como su hermana o hijo, usa tu intuición sobre cómo debes responder.

Tienes tres opciones:
1. Pregúntale al cliente si tiene el permiso de la persona.
2. Infórmale que no realizas lecturas para terceros.
3. Cierra tus ojos y sintonízate con el alma de esta persona para preguntar o determinar si ha dado su permiso.

Cuando un cliente te da permiso para realizar una lectura, y una vez que empiezas la lectura, recuerda que cualquier información que recibas estás destinada a tu cliente. Ya sea que te guste o no lo que estés escuchando, recuerda, no recibirías nada que el cliente no quisiera o diría. Con esto sabrás que estás a salvo, y que la información que estás recibiendo es para el máximo beneficio del cliente.

- Notas -

CAPÍTULO 8

Obstáculos

Tu ego es el mayor obstáculo que tienes para poder escuchar y confiar en tu intuición al hacer lecturas o incluso para conocerte y familiarizarte en un nivel consciente con tu equipo espiritual. Esto sería la voz que te dice que no eres lo suficientemente bueno o sabio como para hacer este trabajo. La voz que dice "Oh, esa persona es un psíquico o médium mucho mejor que yo", o "¿Quién soy yo para estar haciendo esto?".

El obstáculo más común que las personas me dicen que tienen, es una dificultad proveniente de sus vidas pasadas. Un ejemplo sería "Siento que he abusado de mis dones psíquicos en otra vida, y ahora están bloqueados en esta". Creo que las personas dicen o piensan esto por dos razones. La primera es que es verdad, y es bastante posible. Si ese es el caso, siempre puedes recibir una curación de vidas pasadas de parte de un sanador o practicante calificado. La segunda es tu ego diciéndote que no eres lo suficientemente bueno para hacer esto. Esta es una táctica muy natural de procrastinación del propósito de tu alma. Muchos de nosotros traemos miedos de nuestras vidas pasadas sobre salir del armario espiritual para realizar este trabajo. Y un obstáculo, ya sea real o percibido, es uno. Incluso si es un verdadero obstáculo, puede ser curado.

Cuando me refiero al "ego", es de forma opuesta a nuestra "alma". Creo que cuando nos sentimos mal, es la oposición de nuestro cuerpo con nuestra alma. Nuestra alma sabe que nuestro verdadero propósito es hacer este trabajo. Nuestro ego es el que dice que no.

Recuerdo cuando comencé a hacer lecturas. Me frustraba tanto sentirme bloqueada debido a todas las malas experiencias de mi infancia que me obstaculizaban. No tenía idea de cómo realizar una lectura en ese entonces, y la idea de enseñar o escribir un libro sobre esto me habría aterrado.

Todo es posible. Confía en que sabrás todas las respuestas y superarás tus obstáculos en el momento y orden correctos. Lo mejor que me pasó fue encontrar un maestro que había experimentado cosas similares y me proporcionó algunas herramientas para ayudarme a ver todo con claridad. Tú también podrás, si eso es lo que quieres. A menudo se dice que cuando el alumno está listo, aparece el maestro.

- Notas -

CAPÍTULO 9

Malos espíritus

A menudo me preguntan si hay malos espíritus o espíritus malignos. El mal no es una palabra en la que crea. No pretendo ser una autoridad sobre el concepto de si el mal existe o no. Pero creo que, si el mal existe, los humanos lo crearon.

Todos los espíritus aterradores con los que me he topado eran sólo espíritus que necesitaban curación. Nunca me he topado con uno que tratara de hacerme daño porque estoy aquí para ayudarlos.

Cuando vivía en Boston, vi un espíritu en mi propia casa, el cual creí que era un vampiro. Me asustó momentáneamente, y no me asusto tan fácilmente con este tipo de espíritus. Me di cuenta de que era una persona que, en la vida real, le gustaban los vampiros. Esa persona los siguió al otro lado. Ayudé a este espíritu a sanar y vi como un alma hermosa salía y se dirigía a hacia la luz.

¿Alguna vez has visto programas de lo paranormal donde el cazador de fantasmas es arañado por un espíritu? No creo que eso no sea posible. Simplemente no tengo experiencia técnica en *cacería de fantasmas*. Creo que, si esto sucede, sería simplemente como el principio de "si pateas a un perro, este te morderá". No salgo a molestar a los espíritus y no he sufrido daños al realizar mi trabajo, por así decirlo. Le pido protección a los ángeles y confío en que estoy protegida.

~ Notas ~

CAPÍTULO 10

Los clairs

Quizás hayas escuchado de la clarividencia. Los términos que describiré, de forma breve, son los diferentes tipos de clairs (del francés *clair*, que significa "claro"):

- **Clarividencia:** La capacidad para VER información psíquica.

- **Clariaudiencia:** La capacidad para ESCUCHAR información psíquica.

- **Clarisintiencia:** La capacidad para SENTIR (tocar) información psíquica.

- **Clarisapiencia:** La capacidad para CONOCER información psíquica (no sabes cómo lo sabes; simplemente lo sabes).

- **Clarioliencia:** La capacidad para OLER información psíquica.

- **Clarigustancia:** La capacidad para obtener información psíquica a través del GUSTO.

Pueden que haya otros clairs, pero estos son los que más resuenan conmigo. Puede que tengas algunos de ellos, o puede que los tengas todos. Puede que no sepas si tienes alguno. Es normal.

Es probable que tengas más de uno de estos. Yo tengo resonancia con todos de una forma u otra. El único que no recuerdo haber tenido o usado nunca es la Clarigustancia. Es decir: no sé cómo lo sé; solo lo sé. Puede que tú seas diferente y te identifiques con uno en este momento, y entonces descubras que a medida que desarrolles tu conjunto de habilidades te das cuenta que posees y usas muchos clairs diferentes.

En mis primeros años, recuerdo tener un claro sentido de Clarioliencia. Todas las mujeres en la familia de mi madre tienen un extraordinario sentido del olfato; lo que significa que a veces he sentido que mi nariz compite con la de los perros. He escuchado muchas veces que los psíquicos tienes sentidos amplificados, pero digamos que aprendí bastante pronto en mi vida cómo bloquear mi nariz sin tocarla y hubo momentos en los que deseé poder apagar mi extraordinaria percepción olfativa. Más tarde supe que esto podría ayudarme a identificar a seres queridos fallecidos. Cada vez que mi abuela fallecida estaba cerca podía oler el jabón que usaba y que se asociaba con ella. Con el paso del tiempo, desarrollé mi Clariaudiencia. Cuando había personas muertas cerca podía escucharlos hablar, toser o incluso silbar.

Yo soy de los que usan principalmente el lado izquierdo de su cerebro (soy lógica y analítica), así que me tomó algo de tiempo el considerar la clarividencia. Y cuando lo consideré, me resistí. Cuando empecé a realizar lecturas tenía una idea muy específica de cómo esperaba que sucedieran y les decía a mis guías las cosas, pensadas con el lado izquierdo del cerebro, que quería oír (palabras deletreadas, números, etc.). Entonces ¿Qué pasó? Mis guías empezaron a mostrarme imágenes, ¡las cuáles *duelen* al tratar de verlas por primera vez! Ahora me doy cuenta de que lo hicieron para ayudarme a desarrollar mi clarividencia, y ahora es algo de segunda naturaleza para mí. Ahora, cuando realizo lecturas, hay muchos clairs involucrados. No puedo decir que realmente pienso sobre cuál usar y cuál no, simplemente estoy agradecida que cuento con las diversas herramientas de los clairs para ayudarme a transmitir un mensaje al cliente.

La clarividencia evolucionó en Clarisapiencia. No sabía de dónde venía la información: simplemente aparecía en el mensaje que transmitía. Este es un buen ejemplo de Clarisapiencia: ¿sabes cómo a veces recibes una llamada telefónica y simplemente sabías quien era el que iba a llamar? ¡Eso es la Clarisapiencia!

No tienes que recordar todas estas etiquetas. Su único propósito es ser un punto de referencia para ti a medida que aprendes. La mejor forma de hacer esto a tu manera es tener una idea de qué clair quieres, tienes, o no tienes. No fue sino hasta que abrí mi mente y dejé de pensar en que tenía que ver o escuchar las cosas de cierta manera, que la información empezó a llegar más libremente.

~ Notas ~

CAPÍTULO 11

¿Cómo sé si soy psíquico o intuitivo?

¿Te sientes relacionado con la palabra *empatía* o *empático*? ¿Siempre has sentido que puedes absorber las emociones de los demás, para bien o para mal, y, como resultado, algunas veces te es insoportable estar en situaciones emocionalmente extenuantes? ¿Algunas veces al ser empático sientes como si se drenara tu energía?

A menudo parece que las personas siempre han sido capaces de confiarte sus más profundos y oscuros secretos. No sabes qué es que lo que haces para que suceda esto y piensas que debe ser algún tipo de *vibra* que emites. Es probable que trabajes en una profesión conocida por escuchar los problemas de los demás, como un terapeuta o incluso un barman. Puede que incluso hayas bromeado sobre convertirte en uno.

Más de una vez has sabido las respuestas antes de tiempo, como saber quién está llamando antes de contestar el teléfono. Has bromeado, o alguien más lo ha hecho, en relación a que *debes ser psíquico.*

Algunas veces parece que estás en una buena racha adivinando cosas sin importancia, como adivinar cuando va a nacer un bebé o qué equipo de baloncesto va a llegar a la final. Simplemente parece que siempre sabes qué canción va a empezar a sonar antes de que lo haga.

Probablemente has tenido una chispa de intuición más de una vez a la cual no le prestaste atención. Puede que hayas pensado más de una vez "Debería haberle hecho caso a mi corazonada y haber tomado un camino diferente al trabajo", cuando estás atrapado en el tráfico debido a un inesperado accidente de tránsito.

¿Siempre has tenido la extraña habilidad para leer a las personas o simplemente eres muy bueno para juzgar el carácter de las personas? No sabes cómo lo sabes; simplemente lo sabes. Siempre tienes la razón, no importa cuántos estén en desacuerdo contigo o cuánto tiempo tome la validación. Aunque no es como si realmente necesitaras la validación. Desde el principio sabías que tenías la razón.

A lo largo de tu vida es probable que hayas sido impaciente con un entorno de clases tradicional. No porque no quisieras aprender; simplemente te sentías más inteligente que los profesores o sabías que lo que necesitabas aprender no existía en ese entorno.

Es probable que tengas miedo de salir del *armario psíquico*. Da miedo pensar en lo que podrían hacer tu familia y amigos si lo supieran. El pensar en los Juicios de las Brujas de Salem te da escalofríos. Es probable que esto se deba a que tu alma sabe de una época cuando otros (quizás incluso tú mismo) fueron perseguidos por sus dones.

La buena noticia es que ahora vives en una época en la que estás a SALVO. Naciste para hacer esto. Viniste aquí para ayudar a otros con el don de tus sentidos psíquicos, intuitivos o empáticos.

Si has asentido con la cabeza al estar de acuerdo con varias de las cosas que he mencionado, entonces eres, de hecho, psíquico, intuitivo y/o empático.

El Término Psíquico Versus Intuitivo

Yo soy psíquica. Me pongo a la defensiva de pensar que alguien me llame algo que no soy. Así que nunca sentí que me asociara mucho con la palabra intuitivo.

Un día, cuando colgué el teléfono luego de hablar con un cliente al que le acababa de hacer una lectura psíquica, me di cuenta de que muchas de mis lecturas parecían contener algún tipo de consejo de vida. Justo en ese momento apareció un término en mi cabeza: *Consejero de Vida Intuitivo*. Nunca pensé que podría considerarme a mí misma como algo así, y esa fue una forma de conectarme con un término que no estaba segura que(119) se aplicara a mí. Así que, para mí, los términos psíquico e intuitivo son, a veces, intercambiables.

Un intuitivo tiene una mayor conexión con la Clarisapiencia, o el "No sé cómo lo sé; sólo lo sé". Ellos tienden a intuir las respuestas desde adentro. Los psíquicos pueden acceder a muchos más clairs y tienen una mayor asociación con la clarividencia o similares. Usualmente ellos canalizan información directamente desde sus guías o equipo espiritual.

Un intuitivo es una persona que simplemente sabe y

siente la respuesta correcta. Puede que simplemente sepan la respuesta, o escuchen a su intuición sobre la forma de guiar a su cliente. Ambas son correctas, y ambas guían de una forma muy similar. Puedes usar el término que más resuene contigo. O puedes usar ambos. No hay una respuesta incorrecta.

~ Notas ~

CAPÍTULO 12

Cómo hacer una lectura psíquica o intuitiva

Cartas Oráculo

Una de las mejores maneras de comenzar a hacer lecturas psíquicas es con el uso de cartas oráculo. Elige un mazo al que te sientas atraído y no te preocupes sobre si sabes o no cómo repartirlas. Mis mazos favoritos son los de Doreen Virtue. Empecé con un mazo, *"Healing with the Fairies Oracle Cards"*, de Doreen Virtue, y ahora tengo varios mazos diferentes para usar. Por lo general suelo utilizar el mazo al que me siento guiada, tanto para mazos de cartas físicas como mazos en apps para teléfonos móviles que están disponibles para la mayoría de estos dispositivos. Cuando uso cartas oráculo, por lo general, me limito a usar el número de cartas que me siento guiada a sacar, pero si eres una persona que le gusta seguir las reglas, por así decirlo, usualmente hay una guía en el empaque que te dice un poco sobre el significado de las cartas y cómo sacarlas y repartirlas.

Cuando consigas tu mazo de cartas oráculo, asegúrate

de limpiarlo. El mazo ha sido tocado por otros; los que lo hicieron, los que lo empacaron, y los que lo transportaron durante su envío. Primero tienes que sacar las cartas. Luego revisa individualmente cada carta del mazo y asegúrate de tocar cada una de las cartas. Este acto infunde las cartas con tu energía. Pídele en silencio a los ángeles, o a quien sea que te sientas guiado, que limpien las cartas. Hubo muchas personas que las tocaron cuando fueron creadas, por lo que es necesario que las limpies de esa energía. Normalmente también uso un objeto para limpiarlas, como madera de palo santo o salvia. Para hacer esto, coloca las cartas en una superficie cerca de ti y ponlas boca arriba. Yo hago esto con una especie de movimiento de abanico, de tal forma que pueda ver al menos una parte de todas las cartas. Luego barájalas un par de veces, y entonces ya deberías estar listo para usarlas.

Primero, trata de hacer una lectura para ti mismo. Piensa en una pregunta o intención (como tu vida amorosa, por ejemplo) antes de revolver las cartas, y entonces saca tres cartas que representen el pasado, presente y futuro, de izquierda a derecha, que es una forma común de repartir las cartas oráculo. No hay forma de que elijas la carta incorrecta porque las cartas vibran según la ley de atracción. Es una de mis actividades favoritas para hacer si tengo preguntas sobre mí, ya que puedo hacer lecturas para otras personas, pero no son tan objetivas como conmigo misma.

Si te apetece, empieza a practicar con tus amigos o familiares. Incluso puedes continuar haciendo lecturas sólo para ti mismo por un tiempo. Siempre me sorprende cómo recibo las mismas cartas una y otra vez hasta que sucede lo que dijeron que pasaría. Esto se afirma aún más cuando hago una lectura para un amigo porque entonces veré cartas que de alguna manera nunca veo cuando hago mis propias lecturas.

Incluso puede que sientas una conexión por hacer que las cartas oráculo formen parte de tu negocio cuando hagas lecturas para tus clientes. Hay muchos trabajadores de luz que lo hacen. Cuando un cliente te haga una pregunta, no dudes en sacar una carta de tu mazo de cartas oráculo. Supongamos que tu cliente te pregunta sobre su trabajo, y tu sacas una carta. Puede que hayas sacado algo como *Liberación* (Break Free) que es una carta que aparece en "*Healing with the Fairies Oracle Cards*" de Doreen Virtue. Al principio, cuando hagas esto contigo mismo o con tus amigos como práctica, cierra tus ojos por un momento y ve qué es lo que percibes en relación con esa carta para ese cliente. Si sientes que necesitas más claridad o más información, saca otra carta. Por lo general, un cliente no quiere escucharte leer lo que dice el libro, pero sin duda puedes usarlo como guía.

Cuando estaba aprendiendo a usar las cartas y practicaba haciendo lecturas a otros, primero le hacía preguntas a mi cliente y luego sacaba una carta. Miraba la carta, luego a mi cliente, y entonces simplemente decía lo que viniera a mí en relación con la carta. No hay problema si sientes que necesitas la ayuda del libro por un tiempo, o incluso como afirmación de lo que has dicho. También puede que eventualmente sientas que quieres tratar de hacer lecturas sin las cartas oráculo. Pero ya sea que estés o no usando cartas oráculo, primero analicemos los tipos de lecturas que normalmente verás.

Tipos de Lecturas Psíquicas

La mayoría de los clientes siempre hacen preguntas sobre una o más de las siguientes categorías:

- Profesión
- Salud
- Relaciones
- Propósito de Vida

Es posible que te sientas guiado hacia uno o más de esos temas, pero lo más probable es que sea tu cliente el que te guíe con sus preguntas. Por ejemplo, yo normalmente recibo preguntas sobre el propósito de vida y sobre profesión. Esas son las cosas con las que me relaciono de manera más natural porque he dedicado mucho tiempo a considerarlas.

Originalmente pensé que sólo era una médium. INCORRECTO. Más tarde descubrí que todos los médiums también son psíquicos. Fueron mis clientes los que me enseñaron esto. La primera vez que me senté a hacer lecturas pensé que todos los que venían iban a preguntarme sobre personas muertas. Rápidamente descubrí que eso no era lo único en las agendas de mis clientes. Y

¿adivina qué? Por lo general, se trata de uno de los cuatro temas principales que mencioné.

Durante el proceso de hacer lecturas puede que descubras que hay algo que te pregunten con mucha mayor frecuencia. Supongamos, por ejemplo, que es amor y romance. ¡La gente ama esas cosas! Tuve una estudiante en una de mis clases, y eso era todo lo que ella hacía. Era buena en eso, incluso hizo una lectura en frío para mí. ¡Y acertó! Me dijo que conocería a alguien y me describió al novio que conocí unos meses después. Obviamente, ninguna de nosotras lo sabía en ese momento. Simplemente era algo en lo que ella era realmente buena, y realmente parecía disfrutar diciéndole a la gente sobre el romance en su vida.

También tuve otro estudiante que parecía frustrado con el proceso de usar las cartas oráculo. Parecía sentirse bloqueado cuando hacía lecturas con las cartas. Mientras hablábamos, él naturalmente comenzaba a hacer lecturas correctas en algunas de las situaciones de las que yo hablaba. Él decía "¿Él tiene pelo oscuro y una mirada severa?, o ¿Ella tiene pelo largo y rubio?", ya entiendes la idea. Yo le respondía "Wow, ¡eres *bueno* en esto!". Entonces hablábamos acerca de cómo eso podría ayudarlo a centrarse en el tipo de lecturas que podría realizar para otros.

Como ya he dicho, la mayoría de mis lecturas psíquicas parecen centrarse en el propósito de vida y las profesiones. Y esas son las cosas con las que me relaciono de manera más natural porque les he dedicado mucha energía y consideración. Sin embargo, en términos generales, no me limito a la especialidad psíquica, pero puede que sientas que para ti es la elección correcta. Puede que tengas o no una especialidad. Hay buenas probabilidades de que aprendas más sobre eso a medida que avances. Puede que todas tus lecturas adopten un tema. Puede que descubras que te encanta realizar un tipo de lectura en específico. Quizás seas un consejero de vida o médico intuitivo. Si te sientes atraído a ser un médico intuitivo, de cualquier tipo, es importante que le informes a tu cliente que no eres un doctor en medicina (a menos que lo seas) y que siempre debe consultar sus síntomas con un médico o profesional de la salud.

Cuando un cliente reserva una cita conmigo, generalmente les pido que preparen algunas preguntas o una intención (como una profesión, propósito de vida, etc.). Siento que la mayoría de los clientes tienen una pregunta, sin importar si creen que la tienen o no. Le pido al cliente que prepare una pregunta o intención porque una pregunta específica recibe una respuesta más rápida. Supongamos que un cliente reserva una lectura rápida, o nunca ha tenido una lectura. En este último caso, estamos hablando de alguien cuyos guías no han tenido la oportunidad de ser escuchados conscientemente en esta vida, por lo que todos ellos intentarán hablar al mismo tiempo – sobre todo lo que tengan que decir. Esto hace que sea un poco más difícil ir directo al punto, y quieres ayudar a tu cliente a aprovechar al máximo su tiempo contigo. Cuando confirmo la cita y los datos de mi cliente, en ese momento yo misma fijo una intención. Le pido a mi equipo espiritual que hable con el equipo espiritual de mi cliente y se aseguren de que consigamos la mejor información posible, en busca del máximo bien para los dos en la lectura.

Personalmente, también he decidido que no me gusta dar malas noticias si puedo evitarlo. ¿Alguna vez le has hecho una lectura a alguien y terminaste sintiéndote peor que cuando empezaste? Me gusta brindarles a mis clientes una experiencia edificante, y vierto esa intención en mis lecturas. No es sólo por el bien de cliente, sino también por el mío. Se estás pagando por una lectura, normalmente lo haces para sentirte mejor, ¿verdad? Entonces, cuando surgen las malas noticias ocasionales, sé que no se podían evitar. De todos modos, también es posible que el cliente no piense que el mensaje es una mala noticia. Lo importante a tener en cuenta es que tú eres el mensajero. No se trata de ti. Solo eres el recipiente que entrega el mensaje. Lo que sea que surja durante la lectura es parte del proceso.

La Lectura

Normalmente no uso ningún tipo de herramientas de adivinación durante mis lecturas. Antes de cada lectura, generalmente enciendo un poco de madera de palo santo, que según yo, limpia tan bien como la salvia y huele un poco mejor, y lo uso para limpiar el espacio a mi alrededor.

Cuando empiezo una lectura suelo aferrarme a un ágata. Me encantan los ágatas. Me mantienen equilibrada.

Aprendí esto al ver a una de mis colegas sostener un cristal durante sus lecturas, y por alguna razón siempre me he sentido inclinada a hacer lo mismo. Por supuesto, el hacer esto no me da las respuestas, y no tengo que tener un ágata para realizar una lectura. Creo que el ágata simplemente me mantiene equilibrada durante el proceso de la lectura. Cuando sostengo el ágata en mi mano también es una forma de indicarle al espíritu que estoy lista para comenzar. Tú también puedes tener una forma de hacer esto, incluso si no lo haces de forma consciente. Por ejemplo, puede que frotes tus manos entre si al comenzar la lectura o aclares tu garganta. Quizás dices una oración cuando inicias la lectura. Esto expone la energía sagrada y tu intención de convertirte en el recipiente que trasmitirá el mensaje.

Luego, por lo general, hablo con mis clientes y les pregunto si tienen alguna pregunta o intención para la lectura. Si me siento guiada a hacerlo, puedo realizar una pequeña introducción sobre cómo funciona la lectura (que es el caso en algunas ocasiones cuando el cliente nunca ha tenido una lectura). Aparte de eso, voy directo a la lectura. Sé que algunos de mis colegas a veces dicen una oración para traer a los mejores y más altos guías, maestros, etc. para ayudarlos. Si tú quieres hacer eso, adelante.

Cuando empiezas una lectura, *cualquier cosa* que suceda durante la lectura es parte de la lectura. Esto quiere decir que en el momento en que te sientas y hablas con el cliente, y éste te hace una pregunta, comienza la lectura. Todos los pensamientos en tu cabeza ahora están relacionados a tu cliente. Cualquier cosa que sientas o que, de alguna forma, suceda durante el tiempo de esa lectura es parte de ésta. Cualquier cosa. Incluso una risa que casualmente escuches de alguien en la habitación contigua. Si comienzas a transpirar, es parte de la lectura. Si piensas en la pelea que tuviste con tu pareja esa mañana, es parte de la lectura. Si estás frustrado porque no sabes cómo traducir el mensaje o no recibes el mensaje, eso es parte de la lectura.

En los días en que tengo agendada una cita para una lectura con un cliente y, a nivel personal, he tenido un mal día, algunas veces significa que esto será parte de la lectura para mi cliente. Una vez tuve una lectura en un día en que estaba emocionalmente agotada por estrés. Cuando comencé la lectura todavía me sentía estresada y me sentí guiada a mencionarlo en la lectura. Le dije al cliente "Siento que últimamente te has estado preocupando mucho y estás agotado emocionalmente", lo que el cliente confirmó.

Algunas veces recibo lecturas de otros psíquicos. Durante una lectura reciente que recibí, el psíquico me dijo "No sé si soy yo o los ángeles – es difícil hacer la separación". Bueno, en realidad no hay separación. Si lo estás pensando, es parte de la lectura y de los ángeles. Si crees que es de los ángeles, *ES* de los ángeles.

Durante la lectura, tu equipo espiritual se encarga de sacar la información de tu cabeza, como si estuviera seleccionando archivos de una base de datos. Incluso si tienes un pensamiento que crees que puede estar obstaculizando la lectura, por lo general, se tratará de algo que el cliente necesita saber. Es parte de la lectura. *Confía* en eso. No hay respuestas incorrectas, porque sin importar el mensaje que trasmitas, tu trabajo es simplemente transmitir. De forma honesta. Ha habido momentos cuando, después de una lectura, he pensado "Debería haber dicho esto; debería haber dicho eso". Todos lo hacemos. Pero me di cuenta que cualquier cosa que se suponía debía decir o transmitir durante la lectura, será transmitida. Si no dijimos algo, probablemente es porque no se suponía que lo dijéramos. Tal vez el cliente simplemente no estaba listo para recibir la información.

Si puedes encontrar a alguien con quien practicar, aun si son sólo dos personas, pueden turnarse para intentar realizar lecturas entre ustedes. Empiecen con una persona haciendo una pregunta mientras la(s) otra(s) persona(s) se toma su tiempo para escribir lo que sea que sienta durante unos minutos. Luego, deja que cada lector diga su mensaje antes de que realices cualquier validación. ¿Fueron similares entre sí las lecturas? Cuando el cliente te haga su pregunta, tomate un momento para respirar y cierra los ojos si es necesario. ¿Qué pensamientos se cruzan por tu mente? ¿Qué percibes? Lo que sea que percibas, ya sea tu propia experiencia o algo que no comprendas, es parte de la lectura.

Recientemente realicé una lectura para una cliente que me preguntó acerca de su carrera. Inmediatamente pensé en el hecho de que yo tenía una licencia de bienes raíces en Massachusetts (donde viví anteriormente) y estaba pensando en obtener mi licencia en el estado donde vivo ahora, Minnesota. La cliente me acababa de decir que se había mudado recientemente desde otro estado, y después de que el pensamiento sobre los bienes raíces viniera a mi mente, dije "¿Tienes una licencia de bienes raíces, o algo similar, que tenías en tu estado anterior y que ahora necesitas conseguir aquí?"

La cliente me confirmó que ella había sido una terapeuta autorizada y que estaba en proceso de obtener una licencia para ejercer en su nuevo estado.

En otro caso, una cliente me pidió una lectura general. Cuando me sintonicé con ella, me mantuve viendo en mi cabeza una imagen de un corazón con alas que solía dibujar cuando era una niña pequeña. Ahora relaciono esa imagen con el Arcángel Miguel. Estuve a punto de no mencionarlo porque no podía estar segura del mensaje que vendría de eso. Me preguntaba por qué estaba viendo esa imagen de mi en de séptimo grado dibujando un corazón con alas en una de mis carpetas del salón de clases. La información persistía, así que eventualmente dije "¿Solías dibujar corazones con alas en todo cuando eras pequeña?"

La cliente se quedó sin aliento y dijo "¿Cómo lo sabes?".

Le dije que el dibujo también simbolizaba al Arcángel Miguel, y que eso significaba que había un arcángel que siempre estaba cerca de ella.

Básicamente, una lectura es, por lo general, lo que tu ego cree que es tu imaginación. Cuando tienes la intención de hacer una lectura estás creando un espacio sagrado para esa lectura, y solo para esa lectura. Cualquier pensamiento que tengas, ya sea sobre tu propia vida o la lectura, también es parte de esa lectura. Además, si empiezas a hacer una lectura y descubres que tienes dificultades para abrirte o te sientes bloqueado y/o frustrado cuando estés tratando de obtener información, eso también es parte de la lectura. Es probable que esté relacionado con la situación sobre la que te están preguntando. Quizás se sienten obstaculizados o atrapados y no saben a quién acudir. Puede que estén inseguros sobre su futuro. Incluso puedes decirles algo como "Justo ahora me siento realmente bloqueado y frustrado, ¿eso tiene sentido para ti?"

Una vez, estaba haciendo una lectura para alguien en un entorno grupal. Ni siquiera puedo recordar la pregunta que me hicieron, pero recuerdo haber visto algo que no comprendía. No sentía que se relacionara con la lectura en lo absoluto, pero tenía que decirlo de todos modos. Esa vez, me la pasaba viendo un armario de cocina abierto y algo de azúcar en polvo siendo sacada. No tenía ni idea de lo que eso significaba, pero lo mencioné. La persona a la que le estaba haciendo la lectura se quedó boquiabierta y dijo que había estado cocinando con azúcar en polvo el día anterior. No tenemos que saber porque surgió la idea, y probablemente el cliente tampoco. Tal vez es solo una manera de confirmarles la presencia de su guía.

Ha habido dos ocasiones en las que he recibido lecturas de diferentes psíquicos donde mencionaron la flor de la peonía. Es mi flor favorita, y, de cierta forma, las peonías son sagradas para mí. Ambas veces me quedé boquiabierta de la sorpresa e impactada por la afirmación de que mi equipo espiritual está a mi alrededor y me ama. Algunas veces es el caso cuando los detalles extraños se vuelven así de específicos y el cliente parece no saber lo que significa. Ellos solo necesitan la evidencia de que su equipo espiritual está ahí, o que cuenta con el apoyo del universo.

Al principio puede que no sea tan fácil confiar en la información que recibes, pero puedes hacerlo. Naciste para hacer esto. Parte de hacer una lectura es enfrentar el temor de que no la harás bien. Y cuánto más fuerte tu ego grite "¡No eres lo suficientemente bueno!", es mayor tu propósito para hacer esto. No hay bien o mal. Sí, da miedo equivocarse algunas veces, pero no hay recompensa sin castigo. Estás haciendo esto para ayudar al cliente, así que todo lo que puedes hacer es decir lo que recibes. Lo peor que puede pasar es que el cliente no resuene con la información al principio.

Siempre mantente firme con la información que recibes y transmites. Es posible que tus clientes no la reconozcan en el momento que la transmites, y está bien si no la entienden. Sin embargo, esto no significa que estés equivocado. No lo estás inventando, y no estás equivocado, a pesar de que tu cliente puede, en ocasiones, hacerte sentir inseguro sobre esto. Si tu cliente dice "Eso no es correcto", o parece no entender lo que estás diciendo, pídele que lo escriba para leerlo más tarde porque puede no tener sentido para él ahora, pero si lo tendrá en el futuro. Es muy probable que aun así hayas tenido varios aciertos de información específica (la cual tu cliente reconoce fácilmente), y la validará instantáneamente con su reacción – un suspiro, un grito, o simplemente la validará diciendo "Sí, es correcto".

No estoy diciendo que todas tus lecturas serán así. La mayoría de las veces tus clientes apreciarán mucho los mensajes que tú, y sólo tú, puedes brindarles. Estos son los momentos que reafirman el por qué hago esto, y es probable que lo mismo suceda contigo.

No soy una persona que antes de hacer una lectura pregunte por mucha información. Cuanto menos sepas acerca del cliente al que vas a hacerle la lectura, mejor. Si comienzas la lectura y el cliente empieza a contarte una historia, intenta pedirle educadamente que no te proporcione información. Así podrás creer y transmitir más fácilmente los mensajes que recibas, y la mayor parte de la información que transmitas será fácilmente validada por el cliente.

He tenido clientes que a veces parecen decepcionados con la información que reciben inicialmente, solo para después validar que esa fue una de las mejores lecturas que han tenido, o cómo más tarde se dieron cuenta de que la información era correcta. Puede que no siempre recibas de inmediato la validación que buscas de parte del cliente, pero recuerda que solo eres el mensajero. Si estás haciendo esto para ayudar a alguien, eso es todo lo que realmente importa. Encuentra maneras de preguntar a lo largo de la lectura "¿Eso tiene sentido para ti?". Deja que el cliente diga sí o no, y entonces continúa. Si necesitas una historia en un esfuerzo para conocer los detalles de un mensaje antes de continuar, ten en cuenta que esto podría contaminar la lectura con la información que el cliente te está dando.

Aprenderás más sobre ti mismo con cada lectura que hagas. Aprenderás cómo se comunican contigo tus guías, y cada vez mejorarás más en esto. Sé paciente contigo mismo y ten en cuenta que, como con cualquier cosa, lleva tiempo el desarrollarte como un lector psíquico o intuitivo. Recuerdo lo intimidada que solía sentirme por algunos de mis colegas. Pensaba que nunca iba a poder hacer esto. He evolucionado durante estos últimos años, y tu también lo harás. Sin embargo, nunca lo sabrás si no lo intentas. Es una parte del propósito de tu alma realizar este trabajo al servicio de los demás, y eso es lo que te ha llevado a tratar de comprenderlo mejor.

No se espera que seas perfecto. Recuerda, cuando estamos en el momento de una lectura, el espíritu hace el trabajo por nosotros. Todo lo que hacemos o decimos proviene del espíritu, la fuente, el universo, Dios, o cualquier término que prefieras. Estás haciendo esto como un servicio para los demás. Se amable contigo mismo. Eres tan importante para este planeta en este momento y verdaderamente naciste para hacer esto.

- Notas -

- Notas -

CAPÍTULO 13

¿Cómo sé si soy un médium?

¿Siempre te has sentido intrigado por los médiums o los fantasmas? ¿Has tenido momentos en tu vida en lo que crees haber visto un espíritu o incluso haber visto un destello de un movimiento inexplicable en tu visión periférica?

Probablemente siempre has *sabido* que había fantasmas cerca de ti. Es posible que sientas escalofríos, piel erizada o un hormigueo en tus brazos o parte trasera de tu cuello. Algunas veces puedes sentir una sensación, como un repentino punto frío en una habitación cálida. A veces puedes notar un olor que no debería estar ahí, como un olor que solías notar en alguien que conocías, el perfume que tu abuela solía usar, o el olor de los cigarros que tu padre solía fumar.

Estás algo obsesionado con lo paranormal. Miras todos los programas de cacería de fantasmas o de cualquier cosa que trate sobre fantasmas, médiums o esté relacionado con lo paranormal. Sientes que nunca tienes suficiente información sobre médiums o fantasmas y siempre estás buscando nuevos libros que te digan algo que no sabías. Siempre quieres tener otro libro que responda a las preguntas que el último libro no pudo.

La idea de que existan fantasmas probablemente te intriga y probablemente también te aterroriza a veces. Lo que SI sabes es que siempre sientes como si hubiera algo más ahí afuera. Puede que aún duermas con una luz de noche encendida o dejes la televisión encendida toda la noche porque sientes que hay algo o alguien contigo en la habitación. Puede que incluso tengas miedo de irte a dormir porque parece que notas más actividad paranormal en la noche, particularmente en tu cama. Y la idea de abrir tus ojos para despertar en una habitación completamente oscura te asusta porque nunca sabes lo que verás o sentirás contigo en la habitación. Es muy probable que sientas que no importa lo que hagas, siempre habrá fantasmas a tu alrededor. Simplemente no puedes creer que siempre termines comprando casas infestadas de fantasmas. Donde quiera que vayas hay fantasmas; simplemente parece que no puedes deshacerte de ellos. ¿Por qué?

Siempre has sabido que eras diferente. Sabías que, si le decías a alguien sobre el hecho de que podías ver o percibir fantasmas, seguramente te encerrarían en un manicomio o pensarían que estás loco. Has tratado de ignorar el hecho de que eres un médium, pero de alguna manera los espíritus siempre te encuentran y molestan de todos modos. Algunas veces piensas que ellos simplemente SABEN que puedes percibirlos y harán todo lo posible para hacer cosas que llamen tu atención. Puedes saber que están cerca cuando se te eriza el vello en la parte trasera de tu cuello o se te pone la piel de gallina. Probablemente discutiste o le negaste a alguien que eras un médium. Puede que hayas dicho "¡Eso es una locura!" y hayas rechazado a los médiums de alguna manera.

Si acabas de leer este párrafo y asentiste con la cabeza en muchas de las declaraciones, derramaste lágrimas de alivio al saber que alguien más lo comprende, o exclamaste "¡Sí! ¡Ese soy yo!" a cualquiera de las declaraciones, entonces eres un médium. Aceptaste venir a la Tierra para ayudar a otros con tu don. Eres una de las pocas almas especiales que tienen la capacidad de conectar a otros con los seres queridos que tanto extrañan.

Solía preguntarme cómo diablos podría ayudar con este don, y le GRITABA a cualquiera que intentara decirme que era una médium. Pensaba que era una maldición. Más tarde, cuando vi cuánto ayudaba a mis clientes al hacer lecturas usando algo que había tenido toda mi vida, me di cuenta de que era una bendición especial el poder ayudar a otros con mi trabajo como médium.

Entonces, ya sea que te emocione o te asuste, ya sea que pienses que es una bendición o una maldición, definitivamente eres un médium. Y eres muy necesario en la Tierra ahora mismo. No tienes que ser perfecto para ayudar a otros. Eres amado, exudas amor, y eres perfecto tal como eres en este momento. Todo sucederá exactamente como tenía que suceder, así que confía en que el Cielo ha escuchado tus oraciones y tus preocupaciones. Ahora es el momento para que te abras y aceptes este don.

- Notas -

CAPÍTULO 14

Cómo hacer una lectura como médium

Puede que no te des cuenta, pero ya tienes todas las herramientas necesarias para hacer una lectura. Probablemente haces algún tipo de lectura todos los días y ni siquiera lo sabes. Mi madre no cree que ella es una médium. Pero entonces dice cosas como "hay catorce personas muertas en esta habitación en este momento". Así que, si en este momento te ayuda el NO considerarte un médium, no hay problema. Ya lo conseguirás, un paso a la vez. Lo que importa es que hagas el trabajo al servicio de los demás, no por cómo te llames a ti mismo ni cómo llegaste ahí. Naciste con el conocimiento, y ahora depende de ti recordarlo.

Yo empecé este viaje como una médium frustrada. Sabía que era una médium, pero no tenía idea de cómo usar las herramientas que tenía, y mucho menos cómo podría beneficiar a los demás. En ese momento tenía la creencia de que debería ser capaz de ver fantasmas a simple vista. Ahora sé que es posible, pero desde entonces me he dado cuenta de que probablemente sería demasiado para mí el ver gente muerta a mi alrededor todo el tiempo

Pasaba más tiempo frustrada. Sin importar lo que intentara no podía ver los espíritus. No me daba cuenta de que ya los estaba intuyendo de otras maneras, en lo que percibía y sentía. Pero, aun así, quería verlos. En una de mis clases psíquicas le pregunté a un compañero porque no podía verlos. Luego de hacerme la lectura me dijo "Lisa, están parados justo frente a ti, agitando sus brazos tratando de llamar tu atención".

Más tarde me di cuenta de que no los veía debido a la idea concreta que había creado sobre cómo se suponía que debía verlos. El tratar de controlar el resultado terminaba por limitar mi capacidad de conectarme con los espíritus.

No fue hasta que tuve un maestro que veía las mismas cosas que yo que me di cuenta de que siempre supe cómo hacerlo. Simplemente sucedía de forma diferente a lo que había imaginado. De hecho, no sucedió hasta que comencé a imaginarlos. Me di cuenta de que venían a mí justo como una ilusión al soñar despierta. A veces algún cliente me pedía que me pusiera en contacto con un ser querido fallecido, y a veces los veía con mi ojo de la mente, lo que la mayoría de las personas consideraría un producto de su imaginación o un sueño.

Ejercicio para Principiantes

Encuentra un amigo o voluntario para que sea tu *cliente*. Puede que te resulte más fácil si cierras los ojos.

Ahora, ¿quién sientes que está cerca de tu cliente? Aquí hay algunas preguntas para hacer (no en voz alta para tu cliente, sino en tu cabeza o a la persona muerta):

- ¿La energía es masculina o femenina?
- ¿El espíritu se siente joven o viejo?
- ¿Se siente como si fuera un padre, amigo, hermano u otro?

Puede que sientas más de una presencia de un ser querido fallecido alrededor de tu cliente. Eso es normal. Solo elige uno para concentrarte en él la primera vez que lo hagas. También querrás verificar con tu cliente la información que recibes. Puedes preguntarle "¿Ha fallecido tu padre?", o podrías decirle "Perdiste a tu padre, ¿correcto?"

Puede ser aterrador cuando lo haces por primera vez, pero te sentirás bien una vez que hayas terminado porque es parte de tu propósito. Cuando sufro de algún tipo de miedo escénico durante una lectura, ya sea una lectura individual o en el escenario con una multitud, solo tengo que recordar que no se trata de que yo tenga o no la razón. Solo soy una médium que ayuda a los difuntos a conectarse con los vivos, y me siento honrada de poder ayudar a las personas que han buscado mi servicio para conectarse con sus seres queridos que han fallecido.

Cuando fui a mi primera clase como estudiante para ser médium, resultó que era una clase para enseñarnos a hacer lecturas de plataforma. En el escenario. Si hubiera sabido que de eso se trataba, ¡no estaría segura de si hubiera tenido el coraje para ir! Terminó por ser una gran experiencia, y te digo esto porque muchos de ustedes recibirán el llamado para hacer algo similar.

En una clase reciente para médiums experimentados aprendí que muchos médiums reciben su información a través de una *descarga* antes de siquiera empezar la lectura. En el caso de que la descarga no les brinde la suficiente información para proporcionar todos los elementos necesarios de la lectura, tienen que ver si pueden obtener más información.

Nunca sé cómo voy a hacer mis lecturas hasta que ocurren. Me doy cuenta que la mayoría de ellas son una descarga inicial, pero si es necesario puedo obtener más información para interpretar, ya sea de parte de la persona fallecida o intuitivamente. Si descubres que te resulta difícil conseguir más de una descarga inicial, también puede ayudarte el tratar de desarrollar tus sentidos psíquicos. Todos los médiums son psíquicos, y tienes esta habilidad incluso si aún no la has desarrollado.

También tengo experiencia de estar en el escenario a través de presentaciones musicales y pláticas en público. Ahora me doy cuenta de que mi experiencia pasada me ayuda cuando subo al escenario para hacer mi trabajo de médium. Si no tienes experiencia hablando en público y la idea de hacer lecturas públicas te aterra, relájate. Puedes empezar con lecturas individuales. Y si estás considerando realizar pequeñas reuniones públicas y no tienes confianza en tu habilidad para hablar en público, un recurso para ayudarte podría ser Toastmasters International, una organización sin fines de lucro que ayuda con la habilidad para hablar en público.

Los Cuatro Elementos en la Lectura de un Médium

1. **Confirmación:** ¿Quién es la persona? ¿Cuál es su relación con tu cliente?

2. **Evidencia:** ¿Qué evidencia puede proporcionar el espíritu para demostrarle a tu cliente que realmente es la persona? ¿Por qué se está comunicando?

3. **Mensaje de Amor:** ¿Qué es lo quiere decirle a tu cliente? ¿Qué lo ama? ¿Qué lo lamenta?

4. **Resumen**: Confírmale a tu cliente la información que has recibido para, en esencia, cerrar la lectura. Por ejemplo, "Entonces, tu padre falleció debido a un ataque cardiaco. Él siempre te cantaba cuando eras pequeña y te llamaba 'Calabaza'. Él quiere que sepas que te ama y que nunca te abandonará."

Confirmación

¿Con quién estás hablando? ¿La presencia es de un hombre o de una mujer? O podría ser la de un padre, hermano, etc. Si quieres verificar su nombre para decírselo a tu cliente, pídele al espíritu que te diga su nombre. Confía en que se supone que la información se presentará, el espíritu te la proporcionará.

Verifícalo con tu cliente, "Perdiste a tu padre, ¿correcto?", o podrías preguntarle "¿Ha fallecido tu padre?".

Evidencia

No elegimos con qué personas fallecidas hablamos, ellos nos eligen. Haz que el espíritu que quiere establecer contacto haga el trabajo de proporcionar la evidencia que tendrá sentido para tu cliente, para que así el cliente sepa que en realidad es el espíritu de la persona con quien quiere hablar.

A menudo, cuando empiezo una lectura, valido la información sobre la apariencia del cliente. Por lo general, hago esto cuando veo a la persona fallecida como si estuviera en su entorno favorito. Algunas veces es en un espacio interior, como en una cocina o una casa. Algunas veces es en exteriores, como en un lago. A menudo veo a madres y abuelas de pie en la cocina. Por lo general, esto me dice que no solo les gustaba cocinar, sino que también eran el centro de amor en el hogar.

A veces los veo en exteriores. Una vez hice una lectura donde dije "¿Tu hermano tenía un lago que le gustara o le gustaba estar a la intemperie?". Pregunté esto porque lo vi sentado junto a un lago como si estuviera relajándose y disfrutando de un momento de paz. El cliente confirmó que era correcto.

Puede que recibas evidencia que no sabrás como interpretar, pero dile a tu cliente lo que estás recibiendo, incluso si no sabes lo que significa. Tu trabajo es entregar la evidencia, no comprenderla. Una vez hice que una médium se conectara con mi abuelo, y ella me preguntó "¿Por qué se la pasa mostrándome un ángel?"

Le dije, "Él solía llamarme 'Cara de Ángel'".

Se me aguaron los ojos al escuchar eso, y fue mi forma de saber que era realmente mi abuelo con quien ella se estaba conectando.

Recientemente me conecté con la madre fallecida de dos hermanas que estaban en la audiencia de un panel de médiums al que asistí. Vi un gran órgano de iglesia. Les dije, "¿Era su madre una mujer religiosa?".

Se rieron y asintieron con la cabeza. Les dije "Bueno, ella me está diciendo que está viendo que ustedes no van a la iglesia lo suficiente".

Continuaron riéndose y dijeron, "Sí, esa es ella".

No sé cómo supe eso; solo lo supe. Si no lo hubiera mencionado, no habría podido validarles que el espíritu con el que estaba hablando era realmente su madre.

Es bueno recordar que, cuando haces una lectura como médium, tus equipos espirituales extraen información de tus propias experiencias como una forma de comunicarse contigo. Una vez, estaba haciendo una lectura y escuché una canción de Stevie Wonder en mi cabeza durante toda la lectura. Era bastante normal para mí escuchar una canción así en mi cabeza porque me encanta Stevie Wonder. Así que no le di importancia durante la mayor parte de la lectura. Cuando finalmente le dije a la cliente "Estoy escuchando 'Eres el Sol de Mi Vida'", ella empezó a llorar y dijo que era una canción que solía cantarle su padre fallecido.

Recuerda, cualquier cosa que percibas (escuches, veas, pienses, sientas, o incluso saborees) durante la lectura, es parte de la lectura. Es tu trabajo entregar el mensaje. No tienes que ser perfecto de inmediato. Pero mientras más lo hagas, mejor te volverás en interpretar los detalles que pudieran provenir de tus propias experiencias. Te volverás mejor en esto, de una forma que lo haga más entendible para tu cliente y lo ayude a validar la información.

Si sientes que quieres más evidencia para tu cliente, siempre puedes pedirle al espíritu que se adentre más en tu espacio. No que salte dentro de tu cuerpo, sino que permita que su energía se fusione con la tuya. Esto puede permitirte imitar la forma de hablar del espíritu o algunos de sus movimientos corporales. Una vez, después de haber hecho una lectura para una familia en un evento, me acerqué a ellos más tarde y hablé más sobre su familiar que apareció durante la lectura. Uno de ellos dijo, "¡Estás parada exactamente como solía pararse ella con sus brazos cruzados! En todas las fotos que tenemos ella tiene sus brazos cruzados así".

También puedes hacerle preguntas al espíritu para conseguir más evidencia, como:

- ¿Cómo moriste?
- ¿Qué edad tenías cuando falleciste?
- ¿De qué trabajabas?
- ¿Tenías marcas corporales particulares, como tatuajes, cicatrices o marcas de nacimiento?
- ¿Dónde fuiste enterrado?
- ¿Tenías mascotas?

Está bien hacerle preguntas al espíritu para poder proporcionar más evidencia. El espíritu es el que quiere conectarse con la persona que está sentada frente a ti, y una parte del propósito de establecer la conexión es proporcionar evidencia de la persona que han perdido.

Mensaje de Amor

Los seres queridos fallecidos siempre tienen un mensaje de amor para nuestros clientes. Puede ser algo tan simple como "Te amo", y, francamente, en mi experiencia, por lo general es eso. Puede que te muestren un ramo de flores, que para mí también puede significar "Te amo". Puede que escuches "Lo siento" debido a algún daño o dolor que el fallecido causó en vida o simplemente sientas que quieres darle cierto mensaje a tu cliente (como "Te amo", que aún es lo que escucho la mayoría de las veces).

Una vez, una médium me seleccionó de entre la multitud. Ella se estaba enlazando con uno de mis tíos fallecidos. Ya me había proporcionado mucha evidencia de quién era el espíritu. Entonces ella me dijo, "¿Eres nativa americana? porque él dijo que no dejes de aprender sobre el lado nativo americano de la familia y que está orgulloso de que lo estés haciendo".

Empecé a llorar. No sabía que él sabía, y significó mucho para mí escuchar eso. Para mí, ese fue un impresionante mensaje de amor. También era una afirmación de que nuestros seres queridos fallecidos están con nosotros, incluso después de que se han marchado.

Por lo general, los mensajes de amor que escucho están limitados a una oración o dos como "Te amo". Solía tener esta idea en mi cabeza de que no estaba haciendo algo bien porque no era capaz de transmitir una conversación o anécdotas como escucho que algunos médiums hacen. Fue entonces que me di cuenta que yo no era esos médiums, yo soy YO, y estoy haciendo esto exactamente de la manera en que se supone que debo hacerlo.

Si tienes problemas para escuchar algo, pídele al ser querido fallecido que te dé un mensaje específico para tu cliente. Si eso no funciona, entonces pídele ayuda a tu equipo espiritual. A veces el difunto no quiere decir nada en absoluto. Cuando no dicen nada, a veces el mensaje es que el ser querido que se está conectando era del tipo silencioso en vida, y no ha cambiado su forma de ser en el otro lado. A veces, el mensaje es tan simple como "Te amo". Trata de no preocuparte si no es un mensaje largo. Confía en que la información que estás recibiendo es la adecuada para tu cliente.

Recuerda, no hay dos lecturas iguales. Hay veces en las que he hecho lecturas para el mismo cliente y me conecté con el mismo ser querido fallecido más de una vez. Una vez el ser querido fallecido no dijo mucho; la segunda vez dijo más de lo que hubiera esperado. Al igual que en la vida, a veces nuestros seres queridos difuntos son comunicativos, y a veces no lo son.

Resumen

Al final de la lectura resume toda la información que conseguiste del ser querido fallecido durante la lectura. Por ejemplo, "Hablamos con tu padre que estaba en sus cincuenta y tantos cuando falleció repentinamente debido a un ataque cardíaco. Le encantada el golf y siempre te llevaba a comer helado los viernes por la noche. Él dijo que te ama y que lamenta haberse ido tan pronto. Ahora está bien y libre de su dolor".

Lectura de Espíritus por Posición

Una cosa que puede ayudarte cuando estás empezando, es imaginar que todos los espíritus se encuentran en una cierta posición en relación con el cuerpo de tu cliente.

En el lado izquierdo de tu cliente está el lado paterno de la familia, el lado del padre. Cuanto más cercana sea su relación, más cerca estarán de la cabeza del cliente. Por ejemplo, un padre parecerá que está justo detrás del cliente o su cabeza puede verse casi sobre el hombro de tu cliente. Un abuelo paternal parecerá estar sentado en el hombro, etc. Lo más probable es que intuirás una energía paternal. Supongamos que es un tío que está del lado del padre, pero está parado donde normalmente verías a un padre. Quizás el tío era una figura paterna.

En el lado derecho de tu cliente se encuentra el lado materno de la familia, el lado de la madre. Además de los parientes maternos, aquí puedes encontrar cualquier otra persona que no sea un pariente, como amigos, amantes y mascotas. Esas relaciones no familiares probablemente estén un poco más lejos de lo que estaría algún pariente del lado de la madre. Digamos que se encontraran del lado de la madre, pero más lejos, a la altura del codo. Al igual que con el lado del padre, siempre veo a las madres como si estuvieran justo detrás de la oreja del cliente o en el espacio entre los hombros y el cuello del cliente. Los abuelos maternos se ven como si estuvieran sobre el hombro. Los bisabuelos se encuentran ligeramente detrás de los abuelos, y las tías y tíos se encuentran un poco más lejos, a lo que calculo sería la distancia de la parte superior del brazo (con los brazos extendidos). Si hay hermanos o hermanas fallecidos, por lo general también se encontrarán en el rango del área del brazo superior.

Si tu cliente fue adoptado, siempre tendrá a un miembro de su familia biológica junto a él, sin importar si alguna vez lo conoció o lo vio. Siempre veo a esa persona como si estuviera parada directamente detrás del cliente, y por lo general puedo intuir que de alguna forma esa persona no encaja con el resto de la familia. Conozco a una persona que fue adoptada en Rusia, y ella siempre tiene a su bisabuelo ruso parado detrás de ella, a pesar de que ella nunca ha conocido a su familia biológica.

Bebés y Niños

Hay dos formas en que verás a los bebés y niños fallecidos en relación con tu cliente. Si tu cliente alguna vez ha perdido a un hijo, lo que podría significar que tuvo a un hijo que murió, incluyendo aborto espontáneo o por procedimiento médico, verás al niño presente en el espacio bajo el brazo del lado maternal del cliente. Imagina a una madre con sus hijos cerca de ella y su brazo alrededor de ellos. Ese suele ser el espacio en el que verás a esos niños. Durante la lectura también puedes ver a niños fallecidos junto con otro pariente, como el padre de tu cliente cargando un niño. Los niños que ves en este espacio son los niños que se perdieron, y esos niños no volverán a ellos en esta vida. Se quedan cerca de su madre como un consuelo para ambos, pero si caminan cerca de ella no regresarán en esta vida. Los bebés y niños que aún no han nacido aparecen de una manera diferente, llamada burbujas de bebé.

Burbujas de Bebé

Las clientes que están en edad de tener hijos, o que desean tener un hijo, ya sea el cliente un hombre o una mujer, por lo general tienen burbujas de bebé alrededor de su cabeza. Esto significa que de hecho intuirás burbujas definidas sobre la corona de la cabeza de tu cliente. Normalmente veo estas burbujas clarividentemente como azules o rojas, lo que me dice si será una niña o un niño.

También tiendo a ver a un bebé reflejado en la burbuja de bebé. En los casos de un niño mayor que llega a los padres a través de la adopción o de alguna otra forma, suelo ver la cara de un niño mayor reflejada en la burbuja de bebé. Si no las puedes ver, no te preocupes; obtendrás esta información de la manera que te resulte más cómoda.

Las burbujas de bebé cambian dependiendo de las decisiones de tu cliente. Por ejemplo, tuve una cliente que tenía dos burbujas de bebé, pero una de cada lado de su cabeza. Cada burbuja de bebé estaba unida a un padre diferente, eso significaba que ambos bebés probablemente no vendrían al mismo tiempo. Esto dependía de sus decisiones en la vida (y quién) sabe, si ella no elige a ninguno de los *padres*, ¿tendrá a alguno de esos bebés?). Es importante recordar que cada lectura dice algo sobre el futuro, que es algo que cambia basado en las decisiones del cliente.

Detalles Finales Sobre las Lecturas Como Médium

¿Cómo se *desactiva* esta habilidad? Me han hecho esta pregunta varias veces. Andes de aprender a usar este don sentía que había personas muertas en todas partes y que a veces me perseguían. Una vez que empecé a aprender cómo usar este don, obtuve la habilidad de invocarlo solo durante el periodo de tiempo de una lectura o lecturas. Aún hay momentos cuando los percibo a mi alrededor, particularmente si estoy cansada y mis defensas humanas están debilitadas. Somos médiums. Siempre habrá gente muerta a nuestro alrededor. Ellos tienden a honrarnos más cuando nosotros empezamos a honrarlos a ellos a través del aprendizaje de cómo entregar sus mensajes a sus seres queridos con nuestras lecturas. Trata de ser paciente contigo mismo mientras te desarrollas como médium. Este don no se puede forzar. Ya tienes el don, y ahora sólo es cuestión de darte el tiempo y espacio para desarrollarlo. No tienes que ser como algún otro médium; eres perfecto tal como eres.

~ Notas ~

_____

_____

_____

_____

_____

_____

_____

_____

_____

- Notas -

CAPÍTULO 15

Cuando las lecturas salen mal

No todas las lecturas que hagas te harán sentir bien. Algunas veces tendrás lecturas fabulosas – tanto para tu cliente como para ti. Una de las mejores cosas que podrías tener es un cliente que valida toda la información que consigues para él o ella. Desafortunadamente, no todos son así.

Es realmente difícil cuando tienes una persona que está esperando tu mensaje y él o ella te mira de una forma que te dice que no reconoce lo que le comunicas en lo absoluto. Está bien preguntarle a tu cliente "¿Entiendes eso?". Incluso podrías agregar "sí o no" al final de la oración si la persona aún no reconoce tu mensaje de una forma que te brinde la información que necesitas para continuar.

He notado que hay momentos cuando estoy haciendo una lectura, particularmente si mi cliente tiene muchos familiares o seres queridos fallecidos, que puedo traer a otra persona que no sea con quien el cliente quiere hablar. He escuchado a muchos de mis colegas y maestros médiums decir que no siempre pueden elegir a quien contactarán. Eso es cierto a veces. Cuando un cliente quiere contactar a su madre, el traer a otra persona puede desilusionar visiblemente a tu cliente. Si estas conectándote con otra persona, quédate con ella por uno o dos minutos. Esa persona fallecida puede traer a quien tu cliente realmente quiere escuchar. Esto sucede a veces.

Solía intercambiar lecturas con una mujer que conocía. Las lecturas que le proporcionaba siempre eran emocionalmente fuertes. Ella sospechaba que su marido podría estar engañándola y, sin importar cuántas lecturas hiciéramos, la pregunta seguía siendo la misma. A través de la mayoría de las lecturas, la respuesta fue no (él no la estaba engañando). Un día la respuesta fue sí. Imagina como se sintió. Ella empezó la lectura queriendo la verdad, y sus guías se la dieron. Eso no quiere decir que la verdad fue fácil de escuchar. Ella colgó el teléfono llorando. Yo colgué el teléfono llorando. Esa llamada con ella me ayudó a darme cuenta que el proporcionar ese tipo de información a mis clientes no era lo mío.

Está bien si renegocias una parte de tu contrato de alma para dar lecturas a medida que evolucionas como médium. Eso es lo que hice después de aquella lectura con mi amiga que hizo que ambas nos sintiéramos terrible. Le anuncié a mis guías que no quería ser alguien que proporcionara ese tipo información y que si un cliente la necesitaba que por favor lo dirigieran con otra persona que si pudiera darle lo que necesita.

En mi trabajo como médium psíquica, a veces me hacen preguntas que me hacen sentir incómoda. Varios clientes me han preguntado "¿Cuándo morirá mi abuela?", o algo similar. Recientemente adopté la política de decirle a los clientes que no responderé preguntas como esa. Sólo porque alguien venga a ti y te pague por tus servicios no significa que tienes que decirle algo que te hará sentir incómodo. Está bien decir no.

Cuando obtengas una gran cantidad de detalles sobre un cliente durante una lectura, usa tu discreción sobre cómo trasmitirle el mensaje. Sí, todo lo que recibes es parte de la lectura. Dicho esto, se considerado con tus clientes. El decirle a tu cliente todos los horripilantes detalles sobre la forma en que falleció su ser querido puede no siempre ser la mejor idea cuando ya ha sufrido una pérdida terrible.

En el lado comercial de dar lecturas, asisto a muchos eventos de ferias psíquicas. Aquí es donde puedes encontrar muchos otros psíquicos, médiums, o realizadores de lecturas en un solo evento, y durante un día todos compartimos un espacio donde las personas pueden venir a vernos y quizás detenerse para recibir una lectura. Una vez estaba en uno de esos eventos cuando una mujer llegó casi al final del día. Antes de que comenzara la lectura, ella me dijo que había recorrido un largo camino para asistir al evento ese día. La lectura evolucionó como una conversación que empezó con el pie izquierdo. Ella me dijo que cada mensaje que le proporcionaba era demasiado general y descartaba la información. El escuchar eso continuamente durante varios minutos permitió que la duda me invadiera. Puede que esa duda haya bloqueado la información que estaba llegando, pero finalmente le dije "Esto no está funcionando para ti, ¿verdad?"

Ella dijo que no. Cuando dijo eso, le dije que no iba a cobrarle por la lectura. Le dije que a veces pasan esas cosas, y nos abrazamos antes de partir. En ese evento había muchos otros que podían realizar lecturas, y con suerte ella recibió el mensaje que estaba buscando. Simplemente no era yo quien se suponía que debía darle ese mensaje.

Esa experiencia me enseñó algo. Nunca había tenido una experiencia como esa en todas mis lecturas anteriores. Claro, algunas fueron mejores que otras, pero nunca me había sentido inclinada a pensar que no habían valido la pena hasta el punto de ofrecer un reembolso. Ese día, simplemente supe en mi corazón que eso era lo que debía hacer. Algunos de mis colegas dicen que, ya sea que puedan o no transmitir un mensaje, aun así, le cobran al cliente. Si tú también opinas lo mismo, es tu negocio y tienes todo el derecho de crear tu propia política. Aunque yo opino que es bueno darles un reembolso si no puedo trasmitirles un mensaje. En este negocio nuestra reputación lo es todo, y no quiero ser conocida como la persona que toma el dinero, incluso si no puede trasmitir el mensaje.

Después de esa lectura fallida, me sentí mal. Dudaba de mí misma y me preguntaba cuál era el propósito de ese fracaso. Por supuesto, no dejé que me afectara al punto de nunca volver a hacer una lectura. Finalmente supe que tuve esa experiencia para darme cuenta de que no siempre soy perfecta y que el mensaje no siempre es perfecto. A veces es posible que no pueda transmitir un mensaje, y no siempre sabré por qué. Lo único que puedo hacer al respecto es tratar de aprender de ello y saber que no hice nada mal. Quizás simplemente no era yo quien se suponía que debía entregar ese mensaje, y tengo que confiar en eso.

Cuando asisto a ferias psíquicas, puedo sentarme y hacer lecturas consecutivas durante todo el día. En algún momento del día, puedo sentirme agotada y saber que he llegado al límite de mi capacidad para proporcionar lecturas. Puedo elegir entre continuar o no realizando lecturas en ese estado de agotamiento. Si continúo, los clientes que vengan a verme después pueden no recibir la evidencia que podría haberles proporcionado en mis primeras lecturas, y, por lo general, me detengo cuando me siento así. Recientemente, una de mis colegas vino a verme y trajo a su hermana para recibir una lectura al final del día de un evento como ese. Era un gran honor que ella me confiara a su hermana, pero tuve que decir no porque ya era tarde y había alcanzado mi límite de lecturas. Mi colega comprendió y me agradeció por habérselo dicho.

No todas tus lecturas serán perfectas. La mayoría de ellas serán maravillosas, tanto para ti como para tu cliente. Cuando no son buenas lecturas, solo tienes que saber que es parte del negocio que eso suceda y que aún eres bueno en lo que haces, incluso cuando haces una lectura que no sale bien.

- Notas -

CAPÍTULO 16

Canalización

Ah, el gran misterio de la canalización. Puedes tener diferentes ideas de lo que crees que es o no es. La sola idea de esto podría asustarte o intrigarte. La opinión personal que tengo de la canalización ahora no difiere mucho de la que tenía cuando comencé a escuchar sobre ella. Para mí, es cuando otro espíritu habla a través de tu cuerpo. Hay quienes pueden pensar que es una posesión, que es un tema en el cual no pierdo mi tiempo; solo dedico mi tiempo en lo positivo y oro por protección cuando se trata de la canalización y de ayudar a mis clientes.

La primera vez que escuché de ella, más allá que en las películas de terror, fue en una de mis clases de desarrollo psíquico. La maestra contó historias de las veces que hizo lecturas como médium, y otros espíritus o seres saltaron dentro de su cuerpo y canalizaron mensajes a través de ella. Me di cuenta por la forma en que habló sobre ello que no siempre fue una experiencia agradable para ella. Fue en ese preciso momento que decidí que no había forma de que yo fuera a hacer eso. Cuando empecé a hacer lecturas, no comencé a realizar canalizaciones de inmediato. Después de un tiempo, la canalización evolucionó de una forma que estaba personalizada para mí. Creo que tenía la idea de que saldría por completo de mi cuerpo, dejando que el espíritu se hiciera cargo. Honestamente, todavía siento que necesito tener el control.

No me daba cuenta de que estaría presente durante la canalización. Estaría en mi cuerpo mientras una voz diferente hablaba a través de mí. Me tomó algo de tiempo entender que estaba pasando. Primero, me di cuenta de que había momentos en los que no podía recordar los detalles de algunas lecturas. Comparé esta pérdida de memoria con mi capacidad para recordar lo que había pasado en las lecturas en las que sabía que estuve presente, y las lecturas eran, de alguna forma, diferentes. Entonces me di cuenta de que nunca había escuchado voces como las que escuchaba cuando hacía una canalización. Al principio pensé que lo estaba inventando, pero entonces comprendí que estaba canalizando. Le he pedido al Arcángel Miguel que me proteja en todo. Confío en que él me protege y que no dejará que otro canalice mensajes a través de mí, a menos que sean seguros para mí y para el cliente al que están dirigidos los mensajes.

Una noche realicé una lectura para un amigo que también es un colega mío en el mundo psíquico. Él siempre se ha considerado como escéptico. Así que supongo que era apropiado que sus guías eligieran canalizar la mayor parte de su lectura. No sonaba para nada como yo, y le dije cosas que él sabía que yo no sabía. Recuerdo verlo sorprendido, mirándome, casi como si quisiera comprobar si aún era yo.

Usualmente no sé cuándo voy a canalizar. Como dije antes, simplemente confío en mis guías y en el Arcángel

Miguel para que me protejan en todo momento. Por lo general sucede sutilmente, pero depende totalmente del guía o espíritu que estoy canalizando. Algunos espíritus tienen una energía más fuerte que otros, al igual que los humanos. Puedo escuchar conscientemente que mi voz cambia, pero aun así, sé que tengo el poder para detener la canalización en cualquier momento. Siempre la realizo en el espacio de una lectura y no suelo detenerla. A veces voy y vengo entre los momentos cuando quiero hablar con mi propia voz, y esto hace que la lectura, de vez en cuando, suene como si dos personas dijeran la misma oración y termina sonando algo tensa. Algunas veces ellos inician la canalización y luego me dejan hablar. Quizás es porque no pueden encontrar en la base de datos (que es mi cerebro) el mensaje que quieren entregar o simplemente porque quieren hablar directamente con el cliente, por alguna razón.

Entonces ¿qué te pareció? ¿quedó todo claro? Te digo esto para tratar de explicarlo lo mejor que pueda. No sé cómo lo hago; sólo lo hago. Te recomiendo que solo intentes la canalización después de pedir la protección de tus guías y los ángeles, como lo hago yo. También tengo la intención de que cada una de mis lecturas sea una experiencia positiva, tanto para mí como para el cliente, y por lo general lo son. También te recomiendo que primero intentes realizar tus lecturas sin usar la canalización y le pidas a tus guías que la incluyan en la lectura, solo si es para el máximo bien tuyo y el de tu cliente. Pídeles que lo hagan de una forma que sea adecuada para ti. De esta forma, podrás realizarla de una manera un poco más gradual y natural. Al comienzo de mis lecturas a veces les explico a mis clientes cómo funciona el proceso. Sé que cuando siento la necesidad de revelar esto a mis clientes es probable que realice una canalización durante la lectura, y por lo general así sucede.

Hay otro tipo de canalización que se hace a través de la escritura. Algunos pueden considerarlo una especie de escritura automática. Yo solía frustrarme tratando de descubrir cómo hacer eso. He aprendido que puedo hacer esto, un paso a la vez, a medida que progreso en mi viaje. He canalizado mensajes del Arcángel Miguel, y, cuando lo hago, puedo sentir su energía a mi alrededor mientras escribo. Por lo general no son mensajes largos, pero puedo sentir su energía, por así decirlo, y sé que no soy yo quién está dando el mensaje. ¿Cómo lo sé? Te preguntas. Simplemente lo sé y confió en que la información que estoy sintiendo es correcta.

En una clase que imparto, solemos realizar lecturas entre nosotros, y en esta actividad realizamos lecturas escritas. Normalmente no hago este tipo de lectura, excepto por la ocasional lectura a través del correo electrónico y en la clase que imparto. Algunas veces, cuando termino de escribir mi lectura, noto que mi forma de escribir es descuidada y me pregunto de dónde proviene. Un día, al final de una lectura que había escrito, le entregué el papel a la chica a la que iba dirigida la lectura. Ella empezó a llorar y dijo "Esa es la letra de mi PAPÁ".

No tenía idea de lo que estaba canalizando cuando

lo hice, pero sabía que era la letra de otra persona y no la mía.

Si te fascina la canalización y el cómo hacerla, es probable que sea algo que tu alma sabe qué puedes hacer. Trata de dejar de lado el *cómo* hacerlo y confía en que si se supone de debe suceder, entonces sucederá. De esa manera permaneces abierto a la mayor energía posible cuando lo hagas.

~ Notas ~

- Notas -

CAPÍTULO 17

Cacería de fantasmas

El Arte de Cruzar Sobre los Muertos

Algunos de ustedes que son médiums también pueden sentir un llamado a ayudar a los difuntos, más allá de proporcionarle lecturas a otros. Es probable que hayas visto muchas películas y/o escuchado historias sobre edificios, casas o lugares donde residen espíritus atados a este mundo. Con la reciente popularidad de los programas sobre lugares embrujados, es muy probable que sí lo hayas escuchado. Muchos de estos programas tienden a querer probar la existencia de lo paranormal. Pero de lo que yo estoy hablando es de ayudar a los espíritus que están atrapados aquí, por así decirlo, a que encuentren su camino de regreso al Cielo o, al menos, removerlos de ese espacio.

Cuando hago un trabajo de limpieza en una casa, estoy allí para ayudar a sanar a los difuntos que, por una razón u otra, han quedado atrapados en la Tierra. Eso significa que los ayudo a sanar y a cruzar hacia la luz. Cuando empecé mis clases para psíquicos, esto siempre fue algo que me fascinó. Deseaba tanto hacerlo, pero me resultaba difícil encontrar el maestro o la oportunidad adecuados para empezar.

No recuerdo exactamente cuándo o cómo recibí mi primer trabajo de limpieza, pero ahora, después de muchos de ellos, mis clientes se encargan de recomendarme para hacerlos. En el pasado siempre tenía otras cosas que hacer, pero sé que cuando se supone que deba hacerlo, los trabajos aparecerán.

Cuando empecé a hacer estos trabajos los hacía junto con otra persona, mi amiga Emily. Salíamos y hacíamos el trabajo en tándem; ella hacía la curación del espíritu, y yo trabajaría con el Arcángel Miguel para cruzar al espíritu al otro lado. Estos trabajos suelen venir con una solicitud para limpiar el espacio, así que también hacíamos un poco de limpieza de energía. Ahora te guiaré por el método que uso para ayudar a un espíritu a cruzar al otro lado. Estoy segura que no hay dos de nosotros que trabajen de la misma manera, y es probable que desarrolles tu propio estilo a medida que te familiarices con esto.

Trabajo con muchos ayudantes espirituales para cruzar a los difuntos, principalmente con el Arcángel Miguel. Puedo hacer estos trabajos tanto a distancia como directo en la casa de alguien, y la mayoría de mis clientes me llaman a su casa para ayudarlos porque ahí es donde sienten a los espíritus.

Cuando llego, hablo con mis clientes y les pregunto qué es lo que necesitan. ¿Hay un espíritu o área en específico en el que tenga que concentrarme? Siempre me gusta asegurarme de obtener su permiso para hacer esto porque algunas personas en realidad quieren que los espíritus estén ahí. Puede parecer una locura, pero a algunas personas les gusta tener visitantes del otro lado.

Cuando comienzo la limpieza, enciendo madera de palo santo o salvia para limpiar la energía negativa. Entonces, empiezo a ir de habitación en habitación para limpiarlas y percibir qué habita allí. Sentirás que algunas habitaciones solo necesitan ser limpiadas de la energía contaminada dejada ahí por los vivos. Algunas habitaciones pueden sentirse negativas y hacer que se te erice el vello de la nuca. Es en esas habitaciones donde es más probable que haya espíritus atados a este mundo. Nunca les pregunto por qué están ahí y, por lo tanto, no abordaré eso en este libro.

Luego le pido ayuda al Arcángel Miguel y a cualquier otro ángel celestial o maestros ascendidos que sienta que me estén guiando. Mentalmente le digo al espíritu porque estoy ahí y le pregunto si está listo para irse. Aun no me he topado con uno que me dijera que no. Entonces le pido al Arcángel Miguel que ayude al espíritu y lo sane, y observo cómo el espíritu se transforma, como una flor que crece de una semilla. Es un proceso hermoso, y cuando el espíritu ha sido curado, lo que intuitivamente sé (es cuando se ve como esa hermosa flor), trabajo con el Arcángel Miguel para enviar al espíritu a la luz. Siempre sé y siento cuando sucede esto porque automáticamente siento como cambia la energía en la habitación, como si una presencia acabara de desaparecer. He tenido otros trabajos donde había varios cientos de fantasmas, y eso es similar, aunque no tanto a un nivel individual, en el sentido a cruzar un solo espíritu. Por lo general los envío en grupos y confío en que, si fui enviada ahí para ayudarlos a cruzar, entonces es momento de que eso suceda.

Cuanto te encuentras con ese tipo de presencia, sintonízate de la forma que lo haces cuando estás haciendo una lectura como médium. Yo hago todo esto completamente a través de mi tercer ojo. Si tú lo consideras tu imaginación, el fantasma y todo lo que ocurre con el cruce al otro lado es lo que sea que estés imaginando. Lo que estás imaginando es, por lo general, información clarividente. Muy poco del proceso real sucede en voz alta, por así decirlo, y es una co-creación con Dios y los ángeles.

Luego, comienza a hablar con el espíritu y pregúntale si está listo para ir a casa. Por lo general lo están, o no hubieras sido llamado para estar ahí. A continuación, pídele al Arcángel Miguel que venga a asistirte en ayudar a que este espíritu vaya hacia la luz. Pídele que cure a esta persona (difunta) y observa cómo su presencia evoluciona de pesada a brillante y ligera. Cuando esto ocurra, pídele al Arcángel Miguel que ayude a llevar esta alma a la luz.

Tuve un trabajo en el que fui llamada a la casa de una mujer porque ella pensaba que había un fantasma y también quería una limpieza de energía. Cuando mi amiga y yo fuimos para hacer el trabajo, le hicimos comentarios sobre el vecindario y sobre cuantas *personas fallecidas* estaban mirando a través de las ventanas de las casas vecinas mientras caminábamos hacia ahí.

Cuando llegamos, hablamos con la cliente y entonces procedimos a ir de habitación en habitación, limpiando las áreas. Cuando nos acercamos a su porche delantero, sentí el espíritu de un hombre de unos treinta años. Era una presencia que tenía una energía pesada debido a una vida de alcoholismo. Pude percibir esto no solo debido a la verdaderamente pesada presencia del espíritu, sino también porque estaba cubierto de una palidez casi cenicienta. Hay algunos espíritus atados a este mundo que se quedan para alimentar sus adicciones usando a otros humanos que tienen la misma adicción.

Le pregunté a la cliente, "¿bebes mucho, o vas a bares?". Ella dijo, "Solía hacerlo".

Entonces procedí a decirle sobre el alma que estaba atrapada ahí. Era probable que el espíritu la siguiera desde sus días de bebida y probablemente todavía esperaba el día en que ella volviera a beber para que él pudiera alimentar su adicción.

Mi amiga y yo nos pusimos a trabajar en la casa de la cliente. Hablamos con el espíritu y le hicimos saber por qué estábamos ahí. Emily empezó a canalizar la curación de este espíritu. El aura y presencia del espíritu pasaron de lo que percibí como cenicienta (casi como hollín) a ligera y brillante – su energía se elevó como el sol. Fue entonces que supe que estaba listo, y le pedí al Arcángel Miguel que por favor lo llevara a casa. A mi amiga y a mí nos salieron lágrimas a medida que sentíamos su energía abandonar la habitación para dirigirse a su casa en el Cielo.

A medida que he evolucionado en algunos de los trabajos que he realizado, noté que gran parte de mi trabajo empieza en el minuto en que se reserva la cita. No he tenido trabajos que me lleven todo el día. Estilísticamente, hago estos trabajos tal como la haría con cualquier cosa en la vida. Me sumerjo y hago el trabajo, en su mayor parte, de manera bastante eficiente. A veces me he preguntado si los clientes esperan más "hocus pocus" de mi parte, pero eso no es lo que yo hago.

Como he mencionado, cuando hago un trabajo para ayudar a un espíritu a cruzar al otro lado, o la limpieza de una casa, siempre le pido al Arcángel Miguel que me proteja. Él es un arcángel universal y omnipresente, lo que quiere decir que puede estar en varios lugares a la vez. Él siempre ayudará a cualquiera que se lo pida. Así que antes de empezar una lectura, digo "Arcángel Miguel, por favor, quédate conmigo y protégeme. Ayúdame a sólo hablar o canalizar los mensajes de amor para este cliente y que sean para el máximo bien de todos los involucrados". Tengo absoluta fe en que cuando se lo pido, él me protegerá, y lo hace. Recuerda, los ángeles sólo pueden ayudarte si se los pides; ellos tienen un contrato para respetar nuestro libre albedrío y, en su mayor parte, eso significa que ellos no nos ayudan a menos que se los pidamos.

En una casa, a menudo le pido a varios ángeles que se coloquen en las puertas y ventanas para protegerlas, y siempre le pido al Arcángel Miguel que limpie y corte las conexiones de energía basadas en el miedo. Hay muchas casas con energía densa, y eso realmente ayuda a limpiarla.

También llamo a menudo a la diosa celta, Dana. Ella me ayuda a limpiar la energía de los muebles. Cuando a diario nos sentamos o dormimos en algo, como un sofá o una cama, éste absorbe toda nuestra energía, buena o mala. Muchos de nosotros recogemos otras energías cuando salimos, así que a veces, involuntariamente traemos energías menores a nuestra casa con nosotros. Dana ayuda a limpiar eso de los muebles.

También llamo a menudo a la diosa Isis para ayudarme cuando estoy cruzando espíritus hacia la luz, ya que ella es una diosa asociada con vidas pasadas. Ella es una gran ayuda cuando se lo pido. Ella es poderosa y puede ayudar a protegerme, además de ayudarme a facilitar el cruce de los espíritus.

Una vez que veo a un espíritu cruzar al otro lado, sé que he ayudado a otro hijo de Dios a encontrar su camino a casa. Esa es una de las razones por las que estoy en la Tierra. Si acabas de leer este párrafo, puede que sea parte de tu propósito el involucrarte en la cacería de fantasmas de alguna manera.

Orbes

Los orbes son objetos circulares que aparecen en las fotos. ¿Alguna vez te tomaron una foto en la que no se veía nada a simple vista en la habitación, pero cuando viste la foto parecía que había uno o varios objetos circulares sobre ti o alrededor de ti?

Los orbes pueden ser varias cosas. Pueden ser algo tan simple como polvo o lluvia. A veces los orbes son más que eso. Cuando los orbes parecen tener textura, es probable que tengan algún tipo de presencia espiritual. Yo diría que, en su mayor parte, debes usar tu intuición para descubrir que podrían ser.

Podría ser un fantasma tradicional, podría ser uno de tus espíritus guías, o incluso podría ser un ángel. Si ves un orbe que parece tener color, eso por lo general representa un ángel. Dale un vistazo a los códigos de colores asociados con los arcángeles, y eso, por lo general, te podrá decir qué tipo de ángel ha aparecido.

~ Notas ~

_____

_____

_____

_____

_____

_____

_____

_____

_____

_____

CAPÍTULO 18

Tu equipo espiritual: tus guías, ángeles y otros ayudantes esotéricos

Todos venimos a la Tierra con un equipo espiritual. Sí, un equipo. Y es diferente para todos. Si bien muchas personas me han preguntado quién era su guía espiritual cuando les hacía una lectura, en muchos casos tienen más de un guía. Los trabajadores de luz tienden a tener equipos enteros de ángeles, guías espirituales y otros maestros ascendidos. A veces, hay animales, hadas y muchos otros.

La primera vez que escuché que mencionaran uno de mis *guías* fue cuando una amiga mía en la universidad, que era psíquica, dijo "Whoa, eres nativa americana, ¿verdad?".

Miré a mi alrededor para tratar de entender lo que ella estaba viendo, pero entonces dije "Bueno, sí, tengo ascendencia nativo americana; ¿cómo lo supiste?".

Ella dijo, "Porque todos los que he conocido que son nativos americanos tienen montones de espíritus guías nativo americanos a su alrededor, y tu entraste aquí con varios flanqueándote por ambos lados".

¡Quedé impactada! Esa tarde aprendí que mi principal

guía nativo americano se llamaba Dancing Flame (llama danzante). Desde entonces también aprendí que él es mi protector y siempre está a mi lado para asegurarse de que estoy a salvo. Él fue mi padre en otra vida e hizo un contrato para protegerme en esta.

Hay algunos guías que vienen con nosotros, como un guardián o protector, y que están aquí para acompañarnos durante toda nuestra vida humana. Algunos guías también vienen de forma temporal para ciertas cosas, como solo durante nuestra niñez, o quizás un erudito o profesor de algún tipo que nos ayude con nuestra educación. La conclusión es esta: todos tenemos al menos un espíritu guía de algún tipo y un ángel que están con nosotros durante toda nuestra vida. Es probable que también haya muchos otros.

Hay una buena probabilidad de que hayas pasado una o más de tus vidas como un guía espiritual. Imagina lo frustrante que debe ser para nuestros guías cuando nosotros, las personas a su cargo, no escuchan sus mensajes. Una razón por la que probablemente vinimos a la Tierra como trabajadores de luz, es debido a que es más viable que nos escuchen cuando estamos aquí en carne y hueso. Cuando nos sentamos con todos aquellos con quienes entramos en contacto en esta vida, también contactamos muchos de nuestros guías espirituales. Hay más sobre eso en la sección de registros Akáshicos de este libro.

Lo que he aprendido a lo largo de los años es que tengo un gran grupo de guías – montones de ellos. Es probable que tú también los tengas. Eso es común para los trabajadores de luz. Yo tengo nativos americanos, ángeles (Arcángel Miguel), maestros ascendidos (como Isis y Merlín), animales de poder y muchos de mis seres queridos fallecidos en esta vida, incluso tengo algunos que nunca conocí porque murieron antes de que yo naciera. Si tienes a alguien en tu familia por el cual te pusieron tu nombre y que ahora ha fallecido, hay una buena probabilidad de que esa persona sea uno de los guías de tu equipo espiritual.

Me he encontrado con un grupo de mis guías a través de otra psíquica que los canaliza cuando tengo una lectura con ella. Siempre tuve una imagen de los tiempos de Shakespeare cuando hablaba con ellos. No podía ver los detalles explícitos, pero siempre sentí que su ropa era de ese tiempo. Por lo general, me costaba entender sus mensajes. Fue entonces cuando me dijeron y afirmaron que eran de ese periodo de tiempo. El lenguaje ha cambiado desde entonces, así que tuvieron que esforzarse para encontrar palabras que pudiera entender.

Desde que me abrí a mis dones psíquicos y acepté la presencia de mi equipo espiritual, hablo con ellos de forma regular. En realidad, no siempre los escucho hablar o contestarme, pero me reconforta saber que están ahí. Algunas veces hago una declaración e intuyo la respuesta en sentimientos o pensamientos y no necesariamente los escucho hablarme. O, a veces, solo les pido su ayuda con algo y entonces confío en que me ayudarán.

También tengo muchas hadas en mi equipo espiritual. No quieren quedarse fuera de esto porque también están con muchos de los que están leyendo esto. Las hadas se encuentran especialmente alrededor de aquellos de ustedes que son apasionados sobre cuestiones ambientales de cualquier tipo. También suelen quedarse cerca de las personas que sienten que tienen una conexión con los juicios de brujas, o que pueden haber tenido una vida pasada en la que fueron hechiceros, alquimistas o algún tipo de sacerdote o sacerdotisa. Muchos psíquicos, médiums e intuitivos fueron, en sus vidas pasadas, brujas que fueron quemadas en la hoguera durante los juicios de brujas. Las hadas estuvieron ahí con nosotros muchas veces. Si eso resuena contigo y te sientes atraído de alguna forma a las hadas, esa es la razón.

Podrías tener delfines, sirenas, unicornios, un chamán o un curandero indígena en tu equipo espiritual. Este equipo consiste de cualquier cosa que te puedas imaginar, y, si esos pensamientos son repetitivos, esa es tu primera vista de que tienes a esas personas o cosas en tu equipo espiritual todo el tiempo. Una vez tuve una cliente que me preguntó cuál era el nombre de su guía espiritual. Cuando le dije el nombre de sus dos guías espirituales que conseguí, ella dijo "¡Oh, esos son los nombres de mis gatos!".

Habiendo explicado cómo los guías espirituales se conectan contigo, me gustaría que ahora te tomes un momento y hagas una lista de las personas, ángeles, o cosas con las que siempre has tenido una conexión o que sientes que están contigo. Cierra tus ojos, relájate y respira. ¿Qué es lo que viene a tu presencia? ¿Sientes, ves, escuchas o simplemente conoces un mensaje? Lo que sea que estés recibiendo y te sientas obligado a escribir es parte de tu equipo espiritual. Si quieres, también puedes pedirles a tus guías que vengan a ti en un sueño. Pídeles que te den información clara que puedas recordar fácilmente cuando despiertes. También podría ser una buena idea tener una libreta de notas junto a tu cama para escribir lo que sientas cuando despiertes. Esos son algunos de nuestros momentos más lúcidos para recibir mensajes del universo.

Cuando empieces a permitirte recibir y escuchar más información psíquica, comenzarás a recibir más información sobre tus guías. Lo principal que debes saber por ahora es que siempre están ahí para ti. Así que, incluso si no puedes escucharlos, ellos pueden escucharte a ti. Les gusta cuando les hablas. Así que diles tus necesidades o inquietudes; pídeles ayuda. Entonces, confía en que las señales o pensamientos repetitivos que recibes provienen de tus guías, ¡porque probablemente así sea!

En el pasado, algunas veces expresaba mi enojo y frustración sobre ciertas cosas a mis guías espirituales. Una vez me disculpé por, a veces, ser tan grosera con ellos. En respuesta me dijeron la cosa más amorosa. Mis guías espirituales respondieron, "¡No hay problema! Te amamos y sabíamos exactamente quién eras y a qué nos estábamos comprometiendo cuando venimos para estar contigo, y no querríamos que fueras de ninguna otra forma".

¡Es muy probable que tu equipo espiritual piense lo mismo de ti!

- Notas -

CAPÍTULO 19

Cómo identificar a tu equipo espiritual

La mejor forma de identificar quienes componen tu equipo espiritual es definir las cosas a las que te sientes atraído. Aquí hay una lista que puede ayudarte con este proceso.

Hadas

Si te sientes atraído a las hadas (incluyendo que te guste Campanita de Disney), te gusta trabajar en exteriores o en la naturaleza, o crees que tienes una conexión con los juicios de brujas y/o Salem, es probable que tengas varias hadas en tu equipo espiritual.

Sirenas

Si te sientes atraído al océano o a las sirenas (incluyendo a Ariel de Disney) y algunas veces sueñas con ser una sirena o tritón, es probable que tengas sirenas o tritones (gente del mar) en tu equipo espiritual.

Delfines

Al igual que con las sirenas, si te sientes atraído al océano y/o los delfines de alguna manera, es probable que tengas delfines en tu equipo espiritual.

Nativo Americanos

Si eres un nativo americano y/o sientes una atracción por el chamanismo y te fascina el pueblo nativo americano y su cultura, es probable que tengas nativos americanos en tu equipo espiritual.

Merlín

Si te sientes atraído a Ávalon, la magia o al propio Merlín, es probable que Merlín sea uno de tus ayudantes espirituales.

Ángeles

Si sientes que siempre tienes ángeles a tu alrededor, es porque los tienes, y muchos, en tu equipo espiritual. Cuando leas el capítulo sobre arcángeles, trata de sentir a cuáles te sientes atraído. Es probable que esos sean los arcángeles que forman parte de tu equipo espiritual.

Seres Queridos Fallecidos

¿Tu nombre fue elegido en honor de algún ser querido fallecido? ¿Tienes a un ser querido fallecido que sientas a tu alrededor a menudo? Es probable que ellos sean parte de tu equipo espiritual.

Gente de las Estrellas

¿Sientes un interés por otros planetas y un amor por las estrellas? ¿A menudo sientes que naciste en el planeta equivocado? ¿Te fascinan los ovnis? Si estás asintiendo con la cabeza, es probable que tengas guías de otros planetas que te cuidan con amor.

Sabios

¿Sientes que podrías haber sido una sabia bruja, sacerdotisa, o hechicera? ¿Posees una mirada penetrante que algunos dicen que siempre es seria? Es probable que tengas muchos guías en tu equipo que sean sabios o maestros ascendidos. Encontrarás más sobre estos guías en el capítulo de "Maestros Ascendidos". A los que te sientas más atraído son lo que están en tu equipo espiritual.

Periodos de Tiempo

¿A qué periodos de tiempo te sientes más atraído o, por el contrario, cuáles odias sin ningún motivo? ¿Hay alguno? ¿Hay más de uno? No importa cuál sea la respuesta, el periodo de tiempo que más te atraiga es la época de la que provienen tus equipos espirituales. Probablemente los conozcas porque has pasado tiempo con ellos en otra vida o vidas.

Cómo Escuchar a Tu Equipo Espiritual y Ángeles

Entrena

Si meditas o deseas relajarte y tratar de ver a tus guías, la mejor manera de hacerlo es buscar un lugar tranquilo y recostarte. Entonces, cierra tus ojos e imagínate en una tranquila y pacífica pradera. Imagínate caminando hasta que encuentras un lugar en el que parece haber una puerta. Ve a la puerta y ábrela. ¿Qué o a quién ves del otro lado de la puerta? ¿Cómo se ve la persona? ¿Qué clase de ropa lleva él o ella? Pregúntale su nombre. ¿Cómo conociste a esa persona? Realiza este ejercicio en tu cabeza, o en lo que llamarías tu imaginación. Así es como recibo mucha de mi información, y es la mejor manera para que tú empieces. No hay presión para obtener todos los detalles al principio. Simplemente progresa con la primera respuesta que obtengas. A veces, simplemente sentirás la primera respuesta en lugar de verla o escucharla. Confía en ello. Entonces pídele a tu guía que entre en tus sueños como afirmación o para darte algún tipo de señal como afirmación. Asegúrate de tener un cuaderno de notas cerca de tu cama para poder escribir la información.

- Notas -

CAPÍTULO 20

Ángeles

Los ángeles están contigo todo el tiempo. Probablemente creas que tienes un ángel guardián durante algún tiempo, quizás durante toda tu vida. Todos tenemos uno. El objetivo principal de un ángel guardián es protegerte de una muerte prematura. ¿Ha habido veces en las que sentiste que te salvaste milagrosamente de algún tipo de desastre, como un accidente de tránsito? Bueno, es probablemente que fuera debido a la intervención de tu ángel guardián.

Lo que quizás no sepas es que hay varios ángeles a tu alrededor en todo momento. A ellos les encantaría ayudarte con cualquier cosa. Como humanos, parte de nuestro contrato en la Tierra es que tenemos libre albedrío para tomar nuestras propias decisiones durante esta vida en el planeta. Eso significa que los ángeles no pueden intervenir a menos que se lo pidamos. Ellos aman ayudarnos, pero solo si se lo pedimos. Ahora, eso no significa que siempre recibirás una respuesta instantánea, o la respuesta que deseas, pero siempre te ayudarán cuando de verdad se lo pidas.

Los ángeles vienen llenos de amor y sin ningún tipo de juicio. La mayoría de ellos nunca han tenido vidas humanas y trabajan para Dios. Así que, si alguna vez pensaste que un ángel te decía algo como "Eres malo", eso no era un ángel. La más probable es que fuera un pensamiento basado en tu ego.

Si quieres pedirle ayuda a un ángel puedes pedírselo en voz alta o en tu cabeza. A ellos les encanta que les hables y les digas todos tus problemas o tus miedos y deseos. Nunca puedes decirles demasiado o muy poco. Ellos están contigo en todo momento.

Hay momentos en los que les digo a los míos "Por favor, llévense mis miedos sobre esta situación (la cual me causa preocupación)".

Me imagino a mí misma levantando mis brazos y entregándoles mi carga a los ángeles. Tuve un corazón roto hace unos años y sabía que estaría llena de tristeza y dolor mientras me recuperaba. Ya que el dolor de un corazón roto es tan insoportable que le pedí a mis ángeles que, por favor, se llevaran algo de mi tristeza. Siempre he sentido que lo hicieron.

Antes de darme cuenta y aceptar que era una médium y una psíquica, me sentía como una víctima. No comprendía por qué estaba en la Tierra y actuaba de forma cínica sobre muchas cosas. Un día, conducía a mi trabajo y cantaba al ritmo de una canción de Sara Bareilles llamada "Come Round Soon". Estaba cantando la letra de la canción a todo pulmón, "Los ángeles dijeron que hoy sonreiría. ¿Quién necesita a los ángeles de todas formas?".

Recuerdo haber pensado, "¡Así es!, ¡no es como si alguna vez me hubieran ayudado!"

Unos meses después recibí un libro sobre ángeles

como regalo, y este cambió mi vida. Ahora no sólo creo en los ángeles, también les pido su ayuda en muchas cosas. Cuando ves destellos o luces misteriosas de color en el aire a tu alrededor, generalmente sobre tu cabeza, esos son ángeles. Cuando ves destellos de luz de color en el aire, normalmente es un arcángel. Los destellos de luz blanca representan otros ángeles, como ángeles guardianes o ángeles que están contigo o cerca de ti.

Los clientes a los que les hago lecturas suelen preguntar "¿Qué ángel tengo conmigo?". Es probable que te topes con esto en tu práctica. Como en cualquier lectura, digo lo primero que me viene a la cabeza o lo primero que intuyo. Así que, si siento que es el Arcángel Miguel, puedo decir "Siento que tienes una fuerte conexión con el Arcángel Miguel. Él está asociado con el color púrpura. ¿Es el púrpura uno de tus colores favoritos? ¿A veces notas que aparecen cosas púrpuras a tu alrededor?". Puede que incluso veas ocasionalmente motas o destellos púrpuras en el aire.

La respuesta, casi siempre, es "Sí" cuando esa es la información que me siento guiada a brindar. Por lo tanto, si tienes un color que AMAS tener por todos lados o vestirlo a menudo, o que ves, posiblemente como destellos de color en el aire, es probable que sea el arcángel con el que más te relacionas. Mi abuela Ali ama, ama, ama el color púrpura, entonces, ¿Qué dice eso de ella? ¡Que es probable que tenga al Arcángel Miguel con ella! Los ángeles quieren recordarte que puedes llamarlos en cualquier momento, para cualquier cosa. Ninguna petición es demasiado grande o demasiado pequeña. No tienes que preocuparte por quitarle su ángel o arcángel a alguien que lo necesite más. Los ángeles son omnipresentes, lo que quiere decir que pueden estar en muchas partes simultáneamente.

Recuerda, cuando les pides ayuda, puede que no siempre recibas una respuesta inmediata. Además, también es posible que no siempre te respondan de la forma que crees que te deberían responder. El truco es tratar de dejar de lado los detalles y la necesidad de entender cómo algo va a suceder, y solo déjalo suceder con la ayuda de los ángeles. Entonces solo tienes que confiar en que sucederá. Los ángeles te escuchan la primera vez que les pides ayuda, y normalmente no esperan que se los vuelvas a pedir. A veces puede parecer que no estás recibiendo respuestas, pero es posible que tu deseo aún no se haya manifestado. También es posible que la ausencia de respuesta, o lo que tu percibes como la ausencia de ésta, sea, de hecho, la solución que es para tu máximo bien. Es posible que no te des cuenta en el momento, o podría ser que se requiera de más paciencia. Independiente de eso, tus pedidos a los ángeles no quedan sin respuesta. Es posible que solo no sea la respuesta que esperabas.

Si quieres una manifestación de tu ángel, pídele una señal de que está ahí. A veces los ángeles nos dan señales en forma de monedas. Si vez una en el suelo, generalmente es una señal de un ángel. Una señal de un ángel es una prueba de su amor y de que está cerca de ti. Lo mismo se aplica a las plumas. Incluso si es una pluma de algo en tu casa, como de un abrigo o de una almohada, es una señal de un ángel. A veces veo pasar junto a mí un vehículo con un nombre comercial con la palabra "ángel" en su título o un autobús escolar con la palabra "ángel" en el nombre de la escuela. Siempre sé que eso representa un signo de los ángeles.

Ciertas canciones contienen mensajes de ángeles. Cada vez que escucho estas canciones sé que es una señal de mis ángeles. En el 2010, me estaba mudando al otro lado del país (1,400 millas) a Boston, Massachusetts. Cuando estaba buscando un apartamento en Boston me sentí abrumada por el tiempo, ya que solo estaría ahí un fin de semana. Tampoco conocía a los vecinos. No sabía si podría encontrar el lugar correcto, y esto me preocupaba. Conduje a un nuevo vecindario que mi agente de bienes raíces me había sugerido, y este lugar se sintió como el correcto. Había una sinagoga en la esquina y, habiendo crecido en un barrio judío, supe que eso era una señal porque me hizo sentirme en casa. Luego, de repente, una canción que asocio con un mensaje de los ángeles comenzó a sonar en la radio. Esta canción nunca había aparecido en la radio, y, sin embargo, ahí estaba reproduciéndose en ésta. Sabía que era una señal de los ángeles y, aunque aún no había llegado al apartamento, no pude evitar preguntarme si este sería mi hogar. Efectivamente, terminé firmando un contrato de arrendamiento para ese apartamento, y siempre he sabido que mis ángeles me ayudaron a encontrarlo.

Entonces, si les pides a tus ángeles una señal, trata de mantenerte abierto y ser receptivo a la respuesta. Si escuchas una canción y dices "Me pregunto si es de mis ángeles", lo es. Si ves algo y te preguntas si esa es la señal que estabas esperando, lo es. Esa es tu intuición diciéndote, junto con tus ángeles, que lo es. A veces veo señales al azar de los ángeles cuando estoy teniendo un mal día. Una vez, estaba bastante irritable en mi camino al trabajo, preguntándome POR QUÉ tenía que hacer ese viaje tan largo para estar atrapada en el tráfico, etc. Mientras estaba esperando a que cambiara el semáforo, de repente, un autobús escolar se detuvo a mi lado y en su costado decía "*Academia de los Santos Ángeles*". Empecé a soltar lágrimas de felicidad ya que sabía que eso era un mensaje de amor y apoyo de los ángeles.

Una práctica que he adoptado recientemente es pedirles a los ángeles, a la hora de dormir, que reorganicen mis pensamientos para que mis sueños sirvan para conseguir mi máximo bien. Es importante saber que debes estar sobrio cuando hagas esto. Siempre me despierto al día siguiente sintiéndome renovada, como si hubiera sido limpiada de una manera especial.

Sabrás que tienes una conexión extra especial con los ángeles si siempre estás inspirado a poner decoraciones basadas en los ángeles en tu casa o lugar de trabajo. Si tienes tatuajes de alas, es probable que tú mismo seas en parte un ángel. ¿Recuerdas cuando dije que a un trabajador de luz también se le conoce como un ángel terrenal? Bueno, los ángeles terrenales pueden ser parte ángel o tener cualidades de ángel. Si tu nombre es Ángel, Ángela, o algo con "ángel", definitivamente tienes una conexión con los ángeles.

Tus ángeles están llenos de amor por ti y siempre están a tu lado. A ellos les encanta que estés leyendo esto y que quieras saber más sobre los ángeles. Solo recuerda, tus ángeles están a solo un pensamiento de distancia. No tienes que saber quiénes son para pedirles ayuda. No es necesario que seas cristiano, o de cualquier otra religión para pedirles ayuda. Ellos aman a todos, ya que ven a todos con Amor.

Ellos están esperando a que les pidas ayuda. Si tienes miedo de pedírsela, comienza agradeciéndoles por estar ahí. No tienes que verlos para hacer eso. Puedes comenzar pidiéndoles que vengan a ti en tus sueños. También puedes pedirles que te protejan a ti, tu casa o a tus seres queridos en cualquier momento. Lo que sea que quieras pedirles, no hay nada demasiado grande o demasiado pequeño, solo pídelo. Incluso si aún no estás listo para pedirles algo, reconfórtate en saber que siempre hay ángeles a tu alrededor.

Arcángeles

Los arcángeles son, en muchos sentidos, una extensión de la mano de Dios. Ellos trabajan para llevar nuestras oraciones a Dios y también para enviar equipos de aún más ángeles para ayudar a responder nuestras oraciones. Existen más arcángeles que los presentados en esta sección, pero estos son los que me sentí guiada a compartir contigo y son con los que trabajo más seguido. Los estoy mencionando como un recurso para que puedas saber quiénes son y cuáles son sus especialidades. Al igual que con cualquier ángel, puedes llamarlos para lo que sea. Este recurso puede ayudarte a orientarte en la dirección correcta si no sabes por dónde empezar.

<u>Arcángel Miguel - Protector</u>

El Arcángel Miguel es arcángel universal multipropósito. Él defiende y protege a todos los que se lo piden, y ha hecho contratos con algunos para formar parte de su equipo espiritual. A menudo se le asocia con oficiales de policía y cualquier otro funcionario público que proteja a otros. Él está con los Índigos, ya que ellos son guerreros de algún tipo que producen un cambio positivo. También es un maravilloso recurso para la tecnología y problemas que necesitan algún tipo de reparación, como ayudarte con un problema de tu computadora o de plomería.

También trabaja para proteger a los médiums, especialmente si están "cazando fantasmas". Puede enviar un escuadrón para ayudar a un alma perdida a curarse y cruzar hacia la luz.

Color: Púrpura/Azul Cobalto

Puedes pedirle al Arcángel Miguel que te proteja en todo momento en todas las relaciones y aspectos de tu vida. Él se asegurará de que estés a salvo. Sin embargo, él quiere que sepas que, si haces esto, también es posible que pierdas algunas relaciones o situaciones en tu vida que no son para tu máximo bien. Estas relaciones pueden o no volver a tu vida en un momento cuando sean más adecuadas para tu máximo bien. En muchos casos, su intervención ayuda a alienar tu energía con aquellos que la complementan mejor, y también puede traer nuevas y maravillosas relaciones y situaciones a tu vida.

Arcángel Rafael - Sanador

El Arcángel Rafael tiene una energía curativa de color verde, y está presente con aquellos que necesitan curación o son sanadores. Él está presente en el equipo espiritual de todos los doctores y sanadores, ya sean convencionales o no tradicionales. También está presente con los adultos y niños cristal.

Color: Verde Esmeralda

Puedes pedirle al Arcángel Rafael que te cure a ti o a otros que necesiten ayuda. Puedes enviarlo a una persona, incluso si no tienes su consentimiento o está enterada, con la intención de que Rafael cure a esa persona con el permiso de su alma.

Arcángel Gabriel - Mensajero

El Arcángel Gabriel es el Mensajero de Dios. Está presente con todos los oradores, ya sea que estén involucrados con la palabra hablada o escrita. Si eres un autor o músico que, por ejemplo, crea libros o música, Gabriel está contigo. Si eres alguien que les habla a las multitudes de una manera inspiracional, Gabriel está contigo. Llámalo si quieres tener un hijo, ya sea a través de la concepción o la adopción. Él también está presente con muchos niños. Esto incluye a los niños cristal y algunos de los Índigos.

Color: Plata y/o Oro

Puedes llamar al Arcángel Gabriel si estás buscando inspiración en tu carrera como autor. Incluso si aún no has comenzado el libro o trabajo, él te inspirará con su guía divina, ayudándote a completar con éxito tu proyecto o a alcanzar el resultado deseado.

Arcángel Jofiel - Belleza

La Arcángel Jofiel es útil cuando necesitas llamarla para embellecer tu casa, vestuario, apariencia o pensamientos. También es un maravilloso recurso para limpiar la energía en los hogares. Si realizas limpiezas de casas, como con Feng Shui, diseño de interiores o incluso al ayudar a limpiar espíritus atados a este mundo, pídele ayuda a la Arcángel Jofiel.

Color: Rosa Intenso

Puedes llamar a la Arcángel Jofiel para limpiar tus pensamientos. En los casos en que tengas exceso de preocupación o quieras limpiar la energía de un desacuerdo que hayas tenido con alguien, pídele ayuda a Jofiel y permítete relajarte mientras ella limpia tu energía.

Arcángel Azrael – Muerte, Agonía, Duelo

Al Arcángel Azrael a veces se le considera como el ángel de la muerte. Esto no es algo a lo que debas tenerle miedo, porque la muerte es una parte necesaria de nuestra existencia en la Tierra. El Arcángel Azrael siempre está entre los equipos espirituales de médiums, trabajadores de hospicios, directores de funerarias y cualquiera que ayude en el proceso de la muerte física, ya sea antes o después de la muerte. Él también ayuda con la pena y duelo de cualquier tipo, ya sea por la muerte de una persona o una relación de cualquier tipo.

Yo recibí la afirmación de que tenía al Arcángel Azrael conmigo cuando volví a la América Corporativa y conseguí un trabajo encargándome de los acuerdos e indemnizaciones por muerte en la industria de servicios financieros. Ya sabía que era una médium, pero la sincronicidad es que ayudo a los fallecidos sin importar si es de una manera tradicional o no tradicional. La afirmación de eso en mi trabajo estructurado no fue una coincidencia.

Color: Crudo (Ecru)

Puedes llamar al Arcángel Azrael si estás de duelo por un ser querido, sin importar si es una pérdida reciente o no. Si has experimentado un corazón roto en tu vida, llama al Arcángel Azrael para que te ayude y tome parte de tu dolor.

Arcángel Ariel – Animales, Medio Ambiente

La Arcángel Ariel tiene la cara de un León porque es conocida como la Leona de Dios. Pídele ayuda con cualquier problema relacionado con un animal. Ella puede ayudarte a encontrar el animal adecuado para adoptar o ayudar en otras cosas, como con problemas de comportamiento de los animales en tu vida. Ella se preocupa por el medioambiente de nuestra Tierra y está particularmente cerca de cualquiera que se sienta llamado a trabajar en cuestiones ambientales.

Color: Rosa Claro

Si te sientes conectado con las hadas y quieres verlas

o saber que están ahí, pídele ayuda a la Arcángel Ariel. Recibirás las respuestas en forma de pensamientos, sentimientos y sincronicidades con respecto a las hadas.

Arcángel Nathaniel – Cambios en la Vida

El Arcángel Nathaniel está muy presente con todos los trabajadores de luz que experimentan cambios de vida. Él ha tenido más presencia en la Tierra recientemente, con todos los grandes cambios que han estado sucediendo en nuestras vidas, ya sean buenos o malos. Algunos de estos cambios suceden para ayudarnos a alcanzar nuestro propósito de vida. El Arcángel Nathaniel está aquí para ayudarnos con esa transición.

Yo no sabía que tenía a este arcángel cerca de mí hasta que me di cuenta de que uno de mis colores favoritos es el rojo. Tengo un auto rojo, un teléfono rojo, una chaqueta roja, lo que se te ocurra. También he experimentado muchos cambios de vida, particularmente en tiempos recientes.

Color: Rojo

Llama al Arcángel Nathaniel para que te ayude a facilitar la transición durante los cambios en tu vida. Si sientes que ha sido difícil, díselo y pídele ayuda. Si quieres un cambio en tu vida, como una carrera más adecuada para tu propósito de vida, pídeselo a él.

Arcángel Metatrón – Registros Akáshicos, Niños

El Arcángel Metatrón es uno de los dos arcángeles que vivieron como mortales antes de convertirse en lo que son ahora. En la Tierra, fue conocido como el profeta Enoc. Ahora ha ascendido a los cielos para continuar su trabajo como escriba al registrar toda la información en y para los registros Akáshicos. Metatrón también está presente en el equipo espiritual de todos los niños y adultos índigo, y es un ayudante de cualquiera que desee enseñar a los niños para el máximo bien de todos los involucrados.

Color: Azul Turquesa/Verde

Pídele ayuda al Arcángel Metatrón si deseas equilibrar tus chakras. Él puede hacerlo con su geometría sagrada. Primero comienza a equilibrar tus chakras en la parte superior de tu cabeza con una energía en forma de esfera que contiene la geometría sagrada utilizada para lograr el equilibrio.

Arcángel Sandalfón – Oraciones Respondidas, Música

El Arcángel Sandalfón es uno de los dos arcángeles que vivieron como mortales antes de ascender al Cielo como arcángeles. Como mortal, fue conocido como el profeta Elías. Su rol principal es ayudar a llevar las oraciones no respondidas a Dios. También se le asocia con la música. Cuando me sintonizo con él, a menudo lo veo con un sitar o una guitarra. Los que tocan un instrumento de cuerdas están cerca de su causa, y todos los músicos pueden recurrir a él para que los ayude a perfeccionar su arte o su próximo proyecto musical.

Color: Arcoíris

Si tienes una oración que crees que no ha sido respondida, pídele al Arcángel Sandalfón que te ayude a entregar tu mensaje a Dios.

Arcángel Uriel – Luz de Dios

El Arcángel Uriel es un arcángel al que a menudo se le asocia con ayudar a ver la luz en las situaciones. Él ayuda con los desastres de la Tierra, como las inundaciones. También es conocido por alertar a Noé para que abordara el arca antes de que ocurriera el diluvio. Uriel tiene una energía de color amarillo dorado brillante. Siempre que me sintonizo con este arcángel lo veo detrás de lo que parece un carro romano plateado. Él ha acumulado conocimiento esotérico y también puede ayudar con la alquimia divina.

Color: Amarillo Brillante.

El Arcángel Uriel tiene una energía más suave que la mayoría de los arcángeles. Cuando lo llamas puedes sentir una ligera brisa que se siente con una corriente suave en un cálido día de verano. Pídele al Arcángel Uriel que te ayude a ver la luz en cualquier situación. Si estás en una relación de cualquier tipo en la que sientes que tu juicio puede estar nublado o que no estás viendo toda la verdad de la situación, pídele al Arcángel Uriel que te ayude a ver la situación con claridad.

Arcángel Haniel - Gracia

La Arcángel Haniel es una gran poseedora de sabiduría mística. Ella puede ser convocada para otorgar gracia en cualquier situación, en particular en cosas como una entrevista de trabajo o una presentación pública por la que puedas estar nervioso. Ella tiene una energía suave y misteriosa y también se le asocia con la luna. Haniel puede ayudarte a acceder a la información en tu alma sobre cristales y otros remedios curativos.

Color: Azul Pálido

Llama a la Arcángel Haniel si estás nervioso por una presentación de cualquier tipo donde se requiera que digas las palabras adecuadas. Estos eventos incluyen entrevistas de trabajo, el no saber que decirle a un amigo o amante, o cuando ha habido algún tipo de malentendido de comunicación.

Arcángel Zadkiel - Misericordia

El Arcángel Zadkiel ayuda con el perdón. También es conocido por ayudar a las personas que necesitan ayudar a otros a acceder a la información en su memoria. Él es particularmente útil para acceder a las respuestas que ya sabías durante un examen.

Color: Azul de Medianoche

Llama al Arcángel Zadkiel si necesitas ayuda para perdonarte a ti mismo o a otros. Puede ser sobre una situación actual o pasada. Si hay alguien a quien necesitas perdonar, pídele al Arcángel Zadkiel que te ayude a hacerlo en todas las direcciones del tiempo.

Arcángel Raziel – Secretos de Dios

El Arcángel Raziel es un guardián de la sabiduría esotérica de Dios. Él conoce todos los secretos del universo y es uno de los principales supervisores de los registros Akáshicos. Llámalo para pedirle acceso a información esotérica y para que te ayude con la alquimia y manifestación.

Color: Ciruela (púrpura oscuro)

Llama al Arcángel Raziel si te sientes guiado a trabajar de alguna forma con los registros Akáshicos o si necesitas ayuda para recordar algún aspecto de tu propósito de vida. Él guiará a ti los secretos esotéricos de tu alma y te ayudará a recordar y aplicar en tu vida los principios de la manifestación divina.

Arcángel Ragüel – Imparcialidad y Armonía

El nombre del Arcángel Ragüel significa "Amigo de Dios". Él supervisa todas las relaciones entre los arcángeles y los ángeles. Él ayuda a agregar equilibrio y armonía a las relaciones y es conocido por ayudar a restaurar la justicia para el máximo bien de todos, como por ejemplo en un procedimiento legal.

Color: Naranja

Llama al Arcángel Ragüel para que te ayude a equilibrar el drama en tus relaciones actuales y también para encontrar nuevas relaciones que sean para tu máximo bien y agreguen armonía a tu vida.

Arcángel Jeremiel – Análisis de Vida

El nombre del Arcángel Jeremiel significa "Misericordia de Dios". A menudo ayuda a otros a analizar su vida, ya sea que se trate de una nueva alma que ha cruzado al otro lado desde la Tierra o para ayudarnos a acceder a recuerdos de nuestro pasado que nos puedan ayudar a aprender y crecer.

Color: Amarillo Oscuro

Llama al Arcángel Jeremiel para que te asista con un análisis de tu vida actual para ayudarte con tu propósito de vida.

~ *Notas* ~

_____

_____

_____

_____

_____

_____

_____

_____

- Notas -

CAPÍTULO 21

Sanación angelical

Corte de Conexiones

En esta curación pídele ayuda al Arcángel Miguel para que venga y corte las conexiones de energía basada en el miedo de tu cliente de una manera amable y amorosa. Pídele que también absorba, de la cabeza a los pies, cualquier energía basada en el miedo o que no sirva para el máximo bien de tu cliente. También puedes decirle a tu cliente cómo lo ayudaste, y que él también puede pedir la ayuda del Arcángel Miguel para que haga a diario lo mismo, para él y para sus queridos (con el permiso del alma de los seres queridos). Solo pídele al Arcángel Miguel que lo haga con el permiso del alma de esa persona que no sabe qué está sucediendo.

Curación de Vidas Pasadas

Pídele ayuda al Arcángel Jeremiel y/o a la diosa Isis para que limpien los efectos de todos los problemas de vidas pasadas que tu cliente pudiera tener, en todas las direcciones del tiempo. Por ejemplo, si tu cliente dice que está en una relación donde siente que hay problemas y que estos podrían ser de una vida pasada, entonces puedes realizar esta curación para tu cliente (con su permiso).

Otro ejemplo sería que tienes un cliente que dice que siempre ha tenido miedo a las alturas y que no sabe por qué. Esto puede ser un problema de una vida pasada. Muchas veces, es muy probable que las fobias que alguien experimenta se deban a un problema de una vida pasada. Una persona que conozco siempre les ha tenido miedo a las serpientes. No como un miedo normal y saludable a las serpientes. El tipo de miedo que hace que bloquee cualquier canal de la TV que podría mostrar una serpiente, incluso de manera breve. Cuando le pregunté qué había pasado con todos los canales de animales, me dijo que los había sacado de la programación porque "podrían tener serpientes". Este es un buen ejemplo de cuando es probable que se tenga un problema relacionado con una vida pasada.

Esta NO es una regresión de vidas pasadas. Lo más probable es que no consigas detalles sobre la vida pasada del cliente. Pero si lo que quiere es una regresión y no tienes la capacitación adecuada, haz lo posible para explicarle la diferencia y envíalo en la dirección.

Esto sirve simplemente para curar los problemas de una vida pasada (y potencialmente futura) de tu cliente, sin saber específicamente cuáles son.

Embellecimiento del Hogar o de los Pensamientos

Para esta curación pídele ayuda al Arcángel Jofiel. Imagina la cálida energía de color rosa intenso de Jofiel purificando los pensamientos de tu cliente. También puedes pedirle ayuda para limpiar la energía del hogar de una persona y para crear el diseño de interior de la casa de alguien de una manera hermosa que se adapte al máximo bien de esa persona. Dile a tus clientes que *confíen* en que los detalles llegarán como inspiración y que se cubrirán todas sus necesidades, incluso si aún no saben cómo.

Propósito de Vida

Pídele al Arcángel Jeremiel que ayude a tus clientes a encontrar su propósito de vida. Él puede ayudarlos a realizar un análisis de vida que los ayude a encontrar su propósito en la vida.

Concepción y Escritura

Pídele ayuda al Arcángel Gabriel para la concepción o adopción de un niño o para ayudar con los hijos actuales. También puedes pedirle ayuda a Gabriel si tu cliente tiene algún bloqueo como escritor o quiere tener las ideas o recursos para escribir un libro.

Curación

Pídele al Arcángel Rafael que cure a tu cliente, e imagina su luz curativa de color verde esmeralda sanando cualquier área del cuerpo o vida de tu cliente que necesite curación. Recuerda siempre decirles a tus clientes que tú no eres un profesional médico y que la curación proporcionada no está destinada a reemplazar la curación de los profesionales médicos tradicionales.

Muerte/Agonía/Médiums

Pídele ayuda al Arcángel Azrael cuando un cliente tenga un ser querido que haya fallecido y esté en proceso de duelo. Esto también puede ayudar a un cliente que piense que alguien puede estar muriendo. Azrael no solo ayuda a las almas difuntas a dirigirse hacia la luz, él también ayuda a las familias y sus seres queridos que están de duelo. El Arcángel Azrael también puede ayudar a un cliente que está afligido por un asunto personal, cómo un corazón roto (no está relacionado con una muerte real, pero puede verse cómo la muerte de una relación). Si tienes un cliente que es un médium y que quiere mejorar su habilidad para ver o transmitir mensajes de seres queridos fallecidos o descubrir la mejor manera de encontrar clientes y/o entregar los mensajes a los clientes, pídele al Arcángel Azrael que ayude a este cliente. También puedes pedir ayuda para ti mismo, si ese es el caso.

En mi vida, siempre he sido una médium. Una afirmación de esto es mi ocupación actual. En mi trabajo asalariado, irónicamente, durante todo el día hago los arreglos legales para las personas que tienen activos para reclamar cuando uno de sus seres queridos fallece. Así que, básicamente, miro certificados de defunción todo el día para ganarme la vida. ¿Coincidencia? No lo creo. Siempre he pensado que mi trabajo principal en la Tierra es servir a Dios y al Arcángel Azrael con aquellos que tienen seres queridos que han fallecido.

Otras "Especialidades" de los Arcángeles

Ayuda para Encontrar un Objeto Perdido, Ayuda para Encontrar a Tu Alma Gemela – Arcángel Chamuel

Una y otra vez, he llamado al Arcángel Chamuel cuando estoy buscando algo que por alguna razón no puedo encontrar, incluso si es algo tan simple como mis llaves. Le pido ayuda y percibo hacia donde me siento llevada. Esta sensación no es un empujón o un tirón. Simplemente empieza a caminar dejándote llevar, o ve al lugar donde está tu próxima reacción. Nueve de cada diez veces he encontrado mi objeto perdido de inmediato.

Ayuda con un Examen – Arcángel Zadkiel

El Arcángel Zadkiel es un ayudante frecuente de aquellos que piden su ayuda cuando están tomando una prueba o estudiando para un examen.

Ayuda con Niños – Arcángel Metatrón

El Arcángel Metatrón es especialmente útil con los niños índigo.

Ayuda con la Música – Arcángel Sandalfón

Si eres un músico o necesitas algún tipo de ayuda con la música, el Arcángel Sandalfón te puede ayudar.

Ayuda con Animales o Problemas Ambientales – Arcángel Ariel

- Notas -

CAPÍTULO 22

Maestros ascendidos

Los maestros ascendidos son seres etéreos que nos ayudan desde el otro lado. Son maestros que nos ayudan con la sabiduría que ganaron durante su vida(s) en la Tierra. Yo los llamo con frecuencia para pedirles ayuda y sé que tengo algunos en mi equipo espiritual. Es bastante probable que tú también los tengas.

Voy a mencionar la información sobre los maestros ascendidos a los que me siento atraída; estos, de ninguna manera, son todos los que existen. Mi esperanza es que esto te ayude a notar la ayuda esotérica que tienes disponible. Si te sientes particularmente atraído a uno o más de ellos, hay una buena probabilidad de hayan estado a tu lado todo el tiempo. Todo lo que tienes que hacer es pedirlo y ellos te ayudarán.

Debido a que los maestros ascendidos han vivido una o más vidas en la Tierra, tienen un tipo de energía más humana, en el sentido de que han tenido emociones y egos humanos. A diferencia de los ángeles, que no tienen ego ni juicio de ningún tipo, deben ser respetados emocionalmente, como lo harías con un familiar o amigo.

Diosas

Hay muchas diosas de diferentes tiempos y lugares: Grecia, Egipto, Irlanda, Roma, etc. Como con los ángeles, puedes pedirle ayuda a cualquier diosa. Pero, a diferencia de los ángeles, ellas alguna vez fueron humanas. Esto significa que tienen un ego humano, a diferencia de un ángel que exuda y solo ve amor. Las diosas son únicamente buenas, pero me gustaría contarte una historia sobre cómo experimenté la presencia del ego de una diosa.

Me gusta trabajar a menudo con la diosa Celta Dana, en mi hogar. Un día, ella me sorprendió por alguna razón, y esto me asustó, lo que creo que me hizo gritar. Le pedí en un tono muy severo que, por favor, respetara mis límites. Dana se fue y, sin importar cómo la llamara, se mantuvo lejos durante más de un año. Ahora ella ya ha regresado, gracias a Dios, pero eso me sirvió de ejemplo de que siempre se debe ser respetuoso con nuestros ayudantes esotéricos – especialmente con aquellos que anteriormente han sido humanos porque todavía tienen un aspecto similar a un ego en sus personalidades, tal como cuando eran humanos.

A menudo llamo a lo que me refiero como las "diosas de tráfico" en las horas pico del tráfico. Para mí, las diosas de trafico suelen ser Isis, Brigid y Diana o Rhiannon. Cuando las llamo y les pido que despejen el tráfico, por lo general, se despeja con bastante eficacia. Una vez estaba hablando por teléfono con mi abuela, atrapada en la hora pico para ir a cenar a su casa. Le dije que probablemente llegaría tarde, pero luego llamé a las diosas de tráfico. Como por arte de magia, uno de los tres carriles se despejó de repente y pude llegar a la casa de la abuela en veinte minutos, en lugar de en cuarenta y cinco, o cincuenta minutos. Cuando llegué, ella estaba sorprendida. Le dije, "Podemos agradecerles a las diosas de tráfico".

Estoy mencionando a las diosas con las que trabajo más a menudo o las que me siento guiada a compartir en este libro, pero hay muchas más.

Isis (Antiguo Egipto)

Isis estaba casada con Osiris y es conocida por haberlo traído de regreso de la muerte con magia. Luego prosiguieron a tener un hijo, Horus. Ella puede ayudar con problemas de vidas pasadas y magia de cualquier tipo. Llámala si necesitas un manto de protección cuando vayas a estar entre multitudes o en un área de energía hostil.

Dana (Celta)

Dana es una antigua diosa celta a quien los Tuatha De´ Danaans seguían como su creadora. Más tarde los Tuatha De´ Danaans se transformaron en leprechauns (duendes) cuando Irlanda fue invadida por los gaélicos. Ella puede ayudarte con la manifestación, la alquimia y la magia divina. También puede ayudarte con el reino elemental, especialmente con los leprechauns.

Brigid (Celta)

Ella es una diosa celta triple, esto significa que representa a una hija, madre y abuela. Ella tiene una energía ardiente, parecida a la de un guerrero y, en muchos sentidos, es la contraparte femenina de la energía guerrera representada por el Arcángel Miguel. Llámala para pedirle protección o ayuda en cualquier cosa, y ella vendrá a tu ayuda.

Hathor (Egipcia)

Hathor es una diosa egipcia que tiene la cabeza de una vaca. Ella representa la crianza y la maternidad. Llámala para pedirle ayuda con la maternidad y la crianza/adopción de un hijo.

Kuan Yin (Este/Asia)

Kuan Yin es la diosa del amor y la compasión y es, en muchos sentidos, la Madre María del Este. Ella está comprometida a permanecer cerca de la Tierra para ayudar a aquellos que la llamen con compasión y paz. Es una protectora de mujeres y niños y también puede ayudar a despertar la conciencia psíquica.

Athena (Griega)

Athena es la hija de Zeus y defiende a todos los que le piden protección y ayuda. Ella es incansable en su misión por ayudar a aquellos que se lo piden y es conocida por usar ingenio en lugar de armas para resolver las batallas.

Afrodita (Griega)

Afrodita es la diosa griega del amor y la pasión y está asociada con el planeta Venus. También supervisa el embellecimiento de todas las cosas: amor, relaciones, hogares y pensamientos. Ella ama el 'amor' y me muestra el equilibrio en la balanza en relación a su trabajo con la armonía y las relaciones.

Maeve (Celta)

Maeve es una diosa celta que equilibra los aspectos femeninos de los ciclos. Llámala para pedirle ayuda con los problemas menstruales como calambres o el equilibrio de un ciclo. Ella también ayuda con la menopausia y el proceso de parto.

Ginebra (Celtic)

Ginebra se conecta con la era artúrica de Ávalon. Ella estaba casada con el Rey Arturo, pero se dice que en realidad amaba a Lancelot. Llámala para asuntos relacionados con el verdadero amor, ya que su mayor pasión es ayudar con ese aspecto de la vida humana.

Rhiannon (Galés)

Rhiannon es una diosa y hechicera asociada con la luna. Ella tiene cabello largo de color rojizo/marrón que le llega hasta la parte baja de su espalda. También monta un caballo blanco y ayuda con el cruce de espíritus hacia el otro mundo. Llámala para pedirle ayuda con la magia divina, animales y la comunicación espiritual.

Diana (Romana)

Diana es una diosa romana que siempre tiene un arco y flecha. Su madre la parió a ella y a su hermano gemelo sin dolor, y por esto se le asocia con un parto sin dolor. Llámala para pedirle sobre eso, así como para pedirle ayuda con la naturaleza y los animales.

Vesta (Romana)

Vesta es la diosa romana del hogar. Llámala para pedirle ayuda cuando hagas cambios en una casa, adquieras un nuevo hogar y cuando llenes tu casa u otro entorno con energía amorosa y cosas hermosas.

Abundantia (Romana)

Abundantia es una diosa romana y nórdica asociada con la fortuna y la prosperidad. Es conocida por siempre llevar una bolsa de monedas de oro, y con frecuencia puedes reconocer su presencia cuando encuentras monedas al azar a tu alrededor. Llámala para pedirle abundancia de cualquier tipo, y debes saber que ella está ansiosa por ayudar a quienes la llaman.

Sarasvati (Hindú)

Sarasvati es la diosa hindú de las artes. Ella ayuda con todas las formas de creación que involucran las artes, incluyendo el hablar en público. Cuando veo a Sarasvati ella me muestra una imagen de ella con un instrumento musical y dice que ama todos los tipos de arte. Ella disfruta especialmente ayudar a aquellas personas que desean expresarse de alguna forma en canciones.

Lakshmi (Hindú)

Lakshmi es una diosa hindú representada en cuadros con muchas manos y una flor de loto. Ella trabaja estrechamente con Ganesha (maestro ascendido), y ayudará con cualquier tipo de abundancia. Lakshmi puede ayudarte a abrir tus brazos para recibir la abundancia que buscas, y también es un signo de buena fortuna.

Mawu (África)

Mawu es una diosa de la luna de África Occidental que permanece cerca para asegurarse de que la Madre Tierra no sufra daños y para que recibamos la abundancia necesaria para ayudar con los problemas ambientales de cualquier tipo.

Pele (Hawái)

Pele es la diosa hawaiana de los volcanes y está asociada con el fuego y la pasión. Llama a Pele para pedirle que te ayude a sentir y encontrar tu verdadera pasión. Ella también quiere que la llame cualquier persona que quiera ayuda para visitar o mudarse a Hawái.

Otros Maestros Ascendidos

Rey Salomón

El Rey Salomón gobernó Israel de 970-931 AC. Él es un maestro ascendido que es buscado por muchos pero que no les responde a todos. Es un privilegio que el Rey Salomón te responda. Cuando le pedí ayuda había sido instruida para acércame a él como lo haría con un rey en un templo o lugar santo. Algunas veces se le asocia con un destello de luz azul. Si ves una chispa o destello de color azul y piensas en él, entonces puedes estar seguro de que es él.

Ganesha

Lord Ganesha es una deidad hindú con la cara de un elefante. Del mismo modo que un elefante podría limpiar los caminos con mayor facilidad que otras criaturas, Ganesha te ayuda a superar tus obstáculos. Simplemente llámalo y pídele que te ayude con cualquier cosa en la que te hayas sentido bloqueado recientemente, incluyendo cosas como el bloqueo de escritor. Él te ayuda a ver la verdad en tu obstáculo percibido y, en última instancia, puede ayudarte a superarlo si se lo pides. Por el contrario, él también puede bloquear tu camino, de la misma forma que lo haría un gran elefante si estuvieras caminando detrás de él. Si esto ocurre cuando pidas la ayuda de Ganesha, quiere decir que es para tu máximo bien.

Merlín

Merlín es un antiguo hechicero asociado con Ávalon. Si bien ha habido un debate sobre si fue real o no, él es sin duda un maestro ascendido que posee la sabiduría esotérica de todas las épocas. Él conoce tus necesidades antes que tú mismo y, por lo general, solo trabaja con trabajadores de luz. Merlín está aquí para ayudar y enseñar a otros.

Madre María

La Madre María es la Madre de Jesús. Ella nos anima con el entendimiento de que no tenemos que ser católicos o cristianos para creer que ella acudirá a todos aquellos que la llamen. Su amor no está limitado a una religión, y desea envolver en sus brazos a los que más la necesitan. Ella está particularmente cerca de los problemas de los niños de cualquier tipo, incluido el cuidado personal de tu propio niño interior. Su amor es gentil y afectuoso, y también se le asocia con el color azul claro, que muchos asocian a ella en imágenes.

Saint Germain

Saint Germain es un conde francés que fue conocido por sus diversas habilidades mágicas y herramientas esotéricas. Él posee una energía carismática pero misteriosa. Durante su vida perteneció a la realeza y se le asocia con haber descubierto la fuente de la juventud, ya que era un maestro alquimista. Llámalo para pedirle cualquier tipo de conocimiento esotérico que desees recordar. A él le encanta ayudar a aquellos que desean reconectarse con su alma y orientar a otros y, por lo general, acude a ti antes de que siquiera sepas que lo necesitas. Él ayuda con asuntos de justicia, al igual que a efectuar cambios a nivel global que sean para el máximo bienestar. Saint Germain aparecerá para los estudiantes y maestros espirituales, especialmente para aquellos que enseñen alquimia y otros tipos de sabiduría esotérica. También trabaja en estrecha colaboración con el Arcángel Miguel y tiene una energía púrpura asociada a él.

Thoth

Thoth es el dios egipcio de la escritura y las artes esotéricas, entre muchas otras cosas. Está asociado con la Atlántida y la Masonería Libre y ha vivido muchas vidas más allá de eso. Él dice que probablemente volverá a vivir en la Tierra como humano. Tiene la energía sin sentido asociada con el Índigo y se especializa en la verdad, incluso la verdad que está oculta detrás de las barreras del espacio o tiempo. Llámalo para pedirle orientación en cualquier tipo de problema relacionado con la escritura. Él también te ayudará a recordar la capacidad para la alquimia que yace dentro de tu alma. Thoth dice que, si lo llamas, es probable que hayas vivido antes con él en la Atlántida, Egipto, o ambos.

- Notas -

CAPÍTULO 23

Vidas pasadas

Tengo la sensación de que probablemente ya has escuchado este término antes. Quizás ya tengas una opinión al respecto, o quizás no. La mayoría de nosotros tenemos almas muy antiguas y hemos vivido muchas vidas antes de esta. ¿Tienes una afinidad con una época o periodo del pasado en particular? Algunos de nosotros podemos sentirnos asociados con la Guerra Civil, algunos con la Atlántida, y algunos pueden incluso sentirse atraídos por los tiempos bíblicos. Pueden ser lugares que consideres reales, o pueden incluso ser cosas que consideres imaginarias, como Ávalon y la historia de Excálibur. Quizás algunas de las cosas que te fascinan involucren el espacio exterior. ¿Siempre te has sentido obsesionado por los ovnis? ¿hay un periodo o lugar del que te sientas constantemente atraído? Si un periodo o lugar le han dado forma a tu vida de alguna manera, hay una buena probabilidad de que hayas vivido una vida pasada ahí.

Tengo un tatuaje que dice "Lady Day" como un tributo a Billie Holiday. Nombro a todas mis mascotas como músicos de la misma época de jazz (década de 1930-1950). He tenido gatos a los que he llamado Dinah Washington, Charlie Parker y Nina Simone. ¿Crees que pueda haber tenido una vida pasada relacionada con eso? También tengo muchos artículos con temas parisinos en mi casa. Hice un viaje a París (y me encantó) que más tarde me llevó a mi meta de aprender el francés. Esto también apunta al hecho de que he vivido una vida pasada en o cerca de París, Francia. Cuando recientemente le dije a una conocida que me encantaba la flor de amapola, ella mencionó que ese era un símbolo de la Primera Guerra Mundial en Francia, y esto hizo que se me erizara la piel. Un amigo mío quería visitar todos los campos de batalla de la Guerra Civil estadounidense. Es probable que eso no sea una coincidencia. Esto quiere decir que tu fascinación con otra era o lugar pueden extenderse hasta el punto donde decores tu casa como en esa época y lugar, te vistas como en esa era, o visites de forma habitual un lugar extranjero.

Hay formas en que puedes tener regresiones o sanaciones de vidas pasadas, e incluso puedes hacer una grabación de una meditación guiada si te sientes impulsado a hacerlo. Incluso podrías recibir una lectura al respecto o pedirle a tus guías y ángeles que te den un sueño sobre una vida pasada que puedas recordar fácilmente cuando despiertes. Si tienes un miedo hacia algo y simplemente no puedes descubrir de dónde viene el miedo, es probable que sea de una vida pasada. Este tipo de miedos pueden incluir cosas como claustrofobia o un miedo dramático a las serpientes. Hay practicantes que te pueden ayudar con hipnosis y regresión para explorar estas vidas pasadas y poder sanar tu vida actual. Un amigo tiene un miedo extremo a las serpientes, hasta el punto donde bloqueó todos los canales de su TV que podrían mostrar incluso una fracción de una serpiente. A mí no me gustan las serpientes en particular, pero él simplemente no puede tolerarlas en lo absoluto. A menudo me pregunto qué le habrá pasado en alguna de sus vidas pasadas en donde están involucradas las serpientes.

Hay recuerdos comunes de vidas pasadas en muchos trabajadores de luz. A menudo pensamos que tenemos algo que obstaculiza nuestros dones. Tenemos miedo de decirle a los demás que podríamos ser psíquicos o médiums. Esto proviene de haber tenido una o varias vidas pasadas donde fuimos perseguidos por nuestros dones esotéricos. Muchos de nosotros tenemos memorias y temores asociados con los juicios de brujas de Salem. Vivimos en esa era y fuimos quemados en la hoguera – algunas veces repetidamente. Me pasó a mí. Cuando le hice la pregunta a mi equipo espiritual sobre el motivo, me dijeron que fue para traer conciencia e iluminación a la era. Si leíste la oración anterior y sentiste surgir una emoción o realización, es probable que también hayas vivido en esa época y hayas sufrido persecución.

Muchos de nosotros también tenemos un historial de ahogamiento relacionado con la Atlántida. Sí, la Atlántida. Recuerdo que cuando era una niña, cada vez que alguien mencionaba la Atlántida, se me erizaba el cabello de la parte de atrás de mi cuello, y también me fascinaba. La primera vez que casi me ahogué, en esta vida, fue cuando tenía alrededor de tres o cuatro años de edad. Así que, la mayoría de nosotros que tenemos una historia asociada con la Atlántida, tenemos o tuvimos un miedo antinatural de ahogarnos. Yo no creía haberlo tenido, pero luego mi madre me recordó que yo le tenía un miedo terrible a la piscina y a ahogarme cuando era pequeña. Si eres de la Atlántida resonarás con esta información. Es probable que tengas muchas rocas o cristales en tu hogar que uses, ya sea como decoración o para curar. Probablemente respetas el hecho de que tienen que ser limpiadas en la luna y absorban energía o que incluso se sientan con vida. Te gusta estar siempre cerca del agua y probablemente sabes nadar bastante bien, pero no necesitas estar en el agua y probablemente tengas una aversión a la idea de navegar en barco. Una vez que descubrí que era de la Atlántida, me di cuenta de que las personas que normalmente considero cercanas, también estuvieron ahí de alguna manera.

No sabía qué pensar de estos lugares que siempre había considerado ficticios, pero que descubrí que eran reales. Sin embargo, después le pregunté a mis guías de dónde provenían las vidas pasadas de las personas en un trabajo que tuve, y simplemente dijeron "Ávalon".

De repente sentí esa energía y supe que era verdad. Lo que es aún más interesante es el hecho de que mi segundo nombre es Jennifer. Jennifer es una versión moderna del nombre de Ginebra, como la Ginebra de Ávalon que actualmente es una maestra ascendida (diosa). Así que, si tu nombre es Jennifer, es probable que también tengas una conexión con Ginebra. No necesariamente significa que fuimos ella, pero es una confirmación de que probablemente estuvimos ahí, en Ávalon, en los tiempos de Ginebra, Lancelot y el Rey Arturo.

Si leíste esta información y piensas "No me lo creo", está bien. Yo misma no estoy segura de haberlo creído cuando lo escuché por primera vez. Pero mientras más hago esto, más se abre mi mente a nuevas ideas. Lo que sí creo, sin lugar a dudas, es que las vidas pasadas son reales. Nuestra alma es eterna, y muchos de nosotros hemos sido maestros espirituales en muchas de nuestras vidas y nos hemos ofrecido como voluntarios para venir a hacer esto y ayudar a otros de nuevo.

~ Notas ~

_____

_____

_____

_____

_____

_____

_____

_____

_____

_____

- Notas -

CAPÍTULO 24

Registros akáshicos

Los registros Akáshicos son algo conocido por tener la conciencia colectiva de TODO. Contienen todos los sucesos en la Tierra y dentro del sistema planetario, y a menudo se les considera una biblioteca. Así es como yo los considero.

La primera visita que hice conscientemente a los registros Akáshicos, fue cuando asistí a una meditación sobre estos registros, el cual era parte de una medicación grupal. Fui pensando que era una clase, y luego me di cuenta de que era una meditación para ver nuestra propia biblioteca Akáshica. El facilitador nos dijo que solo se puede acceder a los registros con el *permiso* de quien sea que los protege (claramente escucho mientras escribo esto que es un comité llamado *Los Ancianos* que son los mayordomos de Dios). El facilitador nos dijo que deberíamos tener una intención de lo que queremos saber antes de hacer nuestro viaje (meditación) para visitar nuestros registros. Habiendo escuchado esto, me fijé la intención de descubrir mi propósito de haberme mudado a Boston, donde vivía en ese entonces, después de haber viajado más de 1,400 millas para estar ahí.

Al principio, comenzamos el viaje, no pude ver nada. Pensé, "Oh, genial. Vine hasta aquí y ni siquiera tengo permiso para ver mis registros Akáshicos".

Luego, de repente, apareció la escalera hacia el Salón de los Registros, como a veces se le llama. Al principio, cuando entré, vi una gran biblioteca que me imaginaba que estaría dentro de un gran castillo, con libros de pared a pared y del techo al piso. Me pareció que podrían haber sido los registros de eventos universales porque tuve que pasar por ellos para llegar a mis propios registros Akáshicos. Los míos estaban en un lugar completamente diferente.

Permíteme hacer un prefacio del momento en el que entré a la habitación de mis registros diciéndote que, hasta ese momento, siempre tuve la idea de que iba a *graduarme* de esta vida y nunca más tendría que volver a vivir en la Tierra como un ser humano.

Cuando entré a la habitación donde vivían los registros de mi alma, mi intención era ver el *volumen* o *volúmenes* que representaban el propósito de mi mudanza a Boston. Como por arte de magia, el lomo de ese volumen salió y se mostró frente a mí; y tenía escrito el apellido de un buen amigo mío. Una vez habíamos tenido una relación romántica años atrás, de larga distancia, antes de mudarme a Boston. Bueno, ahí estaba yo, viviendo en Boston, y él vivía también ahí y aún era uno de mis mejores amigos. Escuché que éste fue el principal impulsor de mi movilización, para ver si podríamos crear el matrimonio y la familia que nunca habíamos podido crear en todas nuestras otras vidas de amor no correspondido en la Tierra. Tenía sentido, aunque al principio me decepcionó que no fuera algo un poco más universalmente profundo.

Bueno, esta persona aún sigue siendo uno de mis mejores amigos en la Tierra. Es como si nos hubiéramos conocido desde siempre, ¡y aparentemente lo hemos hecho! Hemos elegido colectivamente no crear esa familia en esta vida. Pero creo que hemos hecho algunos progresos en esta vida porque pudimos tener un romance y luego decidimos que no era lo correcto para nosotros y que era mejor que permaneciéramos como amigos. Ahora, ya que no logramos el objetivo del matrimonio y de conseguir una familia, imagino que nos volveremos a ver en vidas futuras hasta que lo logremos.

Cuando vi el lomo de ese volumen de mis registros Akáshicos, el cual acabo de mencionar, fue como si todos los volúmenes del viaje de mis almas estuvieran en una línea vertical en frente y detrás de mí, como una súper autopista. Cuando vi cuántos volúmenes había en frente de ese volumen, gemí, sabiendo que eso significaba que no era probable que me *graduara* de la vida como esperada. Desde entonces se me ha confirmado esto porque he tenido una visita de mi yo futuro. Solo por un momento, pero supe que era la yo de un tiempo futuro.

Creo que antes de venir a la Tierra para pasar cada una de nuestras vidas humanas, nos sentamos en mesas con nuestras familias del alma o personas con las que vamos a trabajar en esta vida y todos escribimos contratos basados en lo que deben ser nuestras lecciones y planes de vida. Así que me he visto a mí misma sentada en varias mesas con varios de mis familiares, como el lado de la familia de mi padre, etc. Incluso he escuchado a otros hablar de sus experiencias. Alguien me dijo una vez que tuvo una regresión y comunicación con su padre abusivo. Esto le dio la oportunidad para sanar en la forma del padre disculpándose y haciéndose responsable por sus acciones. Luego explicó que todos tenían un contrato de las lecciones que iban a aprender en esta vida. Mientras toda su familia se sentaba en la mesa celestial para hacer sus contratos para entrar en esta vida, era como si estuvieran viendo un guion y entrevistando a los personajes que se convertirían en ellos en esta vida. Cuando llegó el momento de ponerse de acuerdo sobre quien iba a ser el padre abusivo, fue el más cariñoso y generoso de todos ellos el que estuvo de acuerdo en asumir ese papel, ya que nadie más lo quería.

He visto algunas de las mesas en las que estaba con otras personas de mi familia del alma con las que estaba haciendo un contrato para estar juntos en esta vida. Ni siquiera entiendo de qué tratan o qué significan todos esos contratos, pero eso es parte de nuestro viaje en la Tierra. Incluso he visto a uno de mis maestros espirituales en una de mis mesas como un miembro de la familia de mi alma. No sé cuáles fueron los detalles, pero esto me validó que probablemente estamos haciendo un contrato de que ella sería mi maestra en algún momento de esta vida.

Una vez soñé con tres personas que conozco, estaban sentadas conmigo en un comedor. En mi opinión, éramos un grupo poco probable para sentarnos a comer juntos. Después del sueño, me di cuenta de que esto probablemente simbolizaba los contratos que nuestras almas hicieron antes de venir a la Tierra.

También se dice que los registros Akáshicos contienen la historia de todos los planetas y eventos en éstos, así que no se limitan solo a nuestras vidas. Sin embargo, es muy útil poder acceder a esta información cuando tratas de determinar partes de tu vida.

- Notas -

CAPÍTULO 25

El tiempo es ahora

Este es el final del presente libro, pero no es el final de tu viaje. Puedes leer tanto como necesites sobre esto. Yo soy una estudiante constante sin importar cuanto crezca en esto, y estoy segura que tú también lo serás. El mundo te necesita ahora. No cuando seas perfecto. No cuando seas el maestro de tu arte. Tu elegiste estar en esta Tierra, en este momento para este propósito: ayudar a otros. Es hora de salir al mundo, aunque sea poco a poco. Cada paso en la dirección de tus sueños suele ser el mejor paso.

Hemos tratado varias veces en este libro que es posible que no sepas cuál es tu propósito exacto. Eso puede ocasionarte sentimientos de impaciencia o de frustración. Parte de tu impaciencia se debe a que eres una manifestación tan poderosa a nivel del alma que te es difícil esperar a que tu parte física se ponga al día. Has tenido estos dones en muchas otras vidas. Eres un alma antigua. Si aún no has encontrado a la persona que te salvará o el faro de luz que estás buscando, entonces TÚ eres esa luz. Tú eres la persona que salvará y ayudará a otros.

Recuerda cuántas veces has pensado que algo como una música, poema, libro o un maestro salvaron tu vida de alguna o en muchas formas. Es hora de que le devuelvas al universo algo de esa gratitud que sentiste en esos momentos. Es importante que sepas que ya tienes toda la información que necesitas en tu corazón, cabeza y alma. Pídele al universo que te ayude a hacer lo que necesitas hacer, y entra en acción con esta guía. Si yo nunca lo hubiera hecho, nunca habría escrito este libro ni habría enseñado a los estudiantes a los que he preparado ni habría ayudado a los clientes que he asistido. A veces es aterrador salir al mundo, pero lo peor que puede pasar es que escuches un "no" o algo por el estilo. Piensa en todas las celebridades que conoces que han tenido historias sobre cuántas veces escucharon la palabra "NO" antes de tener éxito. ¿Qué habría pasado si se hubieran rendido?

Es importante que sepas que eres perfecto tal como eres. Intenta dejar de ser tan duro contigo mismo. Estás exactamente donde se supone que debes estar en este momento. Confía en que todo encajará en su lugar cuando entres en acción guiada en la dirección de tus sueños. Gracias por estar en este planeta en este momento. Eres necesario, apoyado y amado por los cielos.

Namasté.

Bibliografía

Archangels and Ascended Masters de Doreen Virtue

Ascended Masters Oracle Deck de Doreen Virtue

Goddess Guidance Oracle Deck de Doreen Virtue

Realms of the Earth Angels de Doreen Virtue

You Can Heal Your Life de Louis L. Hay

Ask and It Is Given de Esther y Jerry Hicks

Lecturas recomendadas

You Can Heal Your Life de Louise L. Hay

Ask and It Is Given de Esther y Jerry Hicks

Realms of the Earth Angels de Doreen Virtue

Born Knowing de John Holland

The Angel Therapy Handbook de Doreen Virtue

The Gift de Echo Bodine

The Crystal Bible de Judy Hall

Sobre la autora

Lisa Andres vive cerca de Minneapolis, Minnesota. Además de ser psíquica, médium y autora, también es una lectora voraz que ama las buenas historias y nunca sale de su casa sin su e-reader. Lisa se graduó del Colegio de Música McNally Smith; ella canta y toca el piano. Ama escribir, las mascotas, la música en vivo y todo lo relacionado con Nueva Inglaterra.

www.ingramcontent.com/pod-product-compliance
Lightning Source LLC
Chambersburg PA
CBHW061323040426
42444CB00011B/2744